일상 여행 중국어

여행 중국어를 위한 워밍업

출입국

숙 박

식 사

교 통

관 광

쇼 핑

방문 · 전화 · 우편

트러블

귀 국

Travel Chinese

즉석에서 쓸 수 있는 기본 표현

다른 나라 말을 조금이라도 알면 그 나라에서의 여행은 더욱 즐겁습니다. 그 나라의 인사말 정도만 알아도 상대는 미소를 띠며 대화에 응해 줄 것입니다. 우선 여행을 가기 전에 여기에 있는 짧고 간단한 표현을 반드시 암기해 두십시오. 그리고 용기를 내어 말을 걸어 보십시오. 분명 중국 여행은 한층 멋진 추억을 만들어 줄 것입니다.

안녕하세요.(아침)	**早上好。** 자오상하오
안녕하세요.(낮)	**你好。** 니하오
안녕하세요.(밤)	**晚上好。** 완상하오
안녕히 가(계)세요.	**再见。** 짜이찌엔
안녕히 주무세요.	**晚安。** 완안
내일 봅시다.	**明天见。** 밍티엔찌엔
감사합니다.	**谢谢。** 씨에씨에

예. / 아니오.	**对。/ 不是。** 뚜이 / 뿌스
미안합니다.	**对不起。** 뚜이부치
천만에요.	**不客气。** 뿌커치
실례합니다.	**请让让。** 칭랑랑
괜찮습니까?	**不要紧吗?** 뿌야오진마
괜찮습니다.	**不要紧。** 뿌야오진
중국어는 모릅니다.	**我不懂中国话。** 워뿌동 종귀화
~은 어디입니까?	**~在哪里?** 짜이나리
이걸 주세요.	**我要这个。** 워야오저거
얼마입니까?	**多少钱?** 뚸사오치엔

현지에서 바로바로 활용하는
일상 여행 중국어

저 자 이국호
발행인 고본화
발 행 반석출판사
2019년 1월 20일 개정 3쇄 인쇄
2019년 1월 25일 개정 3쇄 발행
홈페이지 www.bansok.co.kr
이메일 bansok@bansok.co.kr
블로그 blog.naver.com/bansokbooks

07547 서울시 강서구 양천로 583. B동 1007호
(서울시 강서구 염창동 240-21번지 우림블루나인 비즈니스센터 B동 1007호)
대표전화 02) 2093-3399 **팩 스** 02) 2093-3393
출 판 부 02) 2093-3395 **영업부** 02) 2093-3396
등록번호 제315-2008-000033호

Copyright ⓒ 이국호

ISBN 978-89-7172-803-1 (13720)

- 교재 관련 문의: bansok@bansok.co.kr을 이용해 주시기 바랍니다.
- 이 책에 게재된 내용의 일부 또는 전체를 무단으로 복제 및 발췌하는 것을 금합니다.
- 파본 및 잘못된 제품은 구입처에서 교환해 드립니다.

일상
여행
중국어

이국호 지음

Bansok

머리말

단체로 중국여행을 가면 현지 사정에 밝은 가이드가 안내와 통역을 해주기 때문에 말이 통하지 않아 생기는 불편함은 그다지 크지 않을 수 있습니다. 하지만, 중국인을 직접 만나서 대화를 하거나 물건을 구입할 때 등에는 회화가 절대적으로 필요하며, 여행지에서의 자유로운 의사소통은 한층 여행을 즐겁고 보람차게 해줄 것입니다.

이 책은 여행자의 필수휴대품이 될 수 있도록 크게 두 가지로 분류하였습니다.

여행 중국어를 위한 워밍업 : 여행지에서 빈번하게 쓸 수 있는 표현으로 중국어 발음에서 인사, 응답, 질문, 감사, 사과표현 등으로 꾸며져 있으며, 중국 여행자라면 반드시 익혀두어야 할 기본회화입니다.

장면별 회화 : 출입국부터 숙박, 식사, 교통, 관광, 쇼핑, 방문·전화·우편, 트러블, 귀국 순으로 여행자가 부딪칠 수 9가지 장면을 여행 순서에 맞게 설정하였습니다.

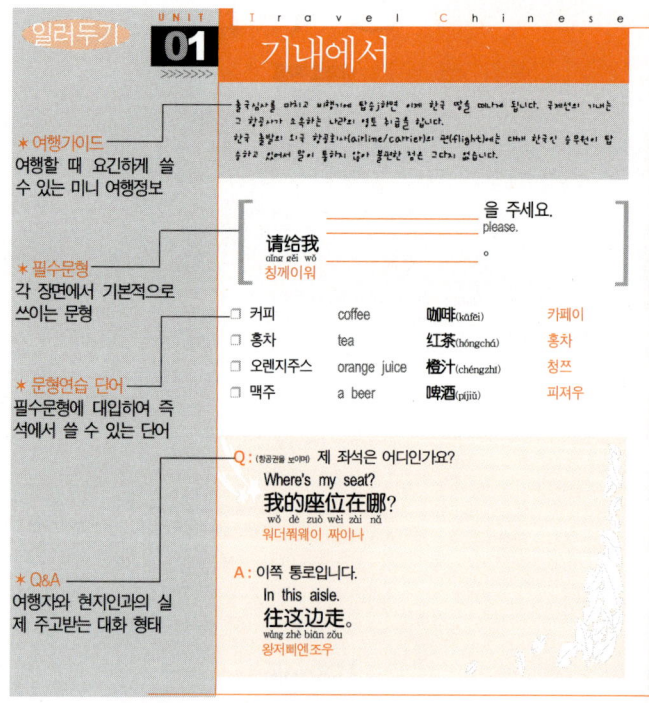

일러두기

★ 여행가이드
여행할 때 요긴하게 쓸 수 있는 미니 여행정보

★ 필수문형
각 장면에서 기본적으로 쓰이는 문형

★ 문형연습 단어
필수문형에 대입하여 즉석에서 쓸 수 있는 단어

★ Q&A
여행자와 현지인과의 실제 주고받는 대화 형태

이 책의 특성

1. 중국으로 여행, 출장, 방문을 할 때 현지에서 유용하게 사용할 수 있도록 간단한 회화만을 엄선하여 사전식으로 구성하였습니다.
2. 중국어를 잘 모르더라도 즉석에서 활용이 가능하도록 우리말을 먼저 두고 발음은 가능한 원음에 충실하여 한글로 표기하였습니다.
3. 영어는 세계 공용어로 어디서나 통할 수 있는 의사전달의 수단입니다. 중국어가 잘 되지 않을 때는 영어를 사용하는 것도 말이 통하지 않아 난처한 상황을 벗어날 수 좋은 기회입니다.
4. 각 장면별로 현지에서 필요한 여행정보를 두어 여행가이드의 역할을 충분히 할 수 있도록 하였습니다.

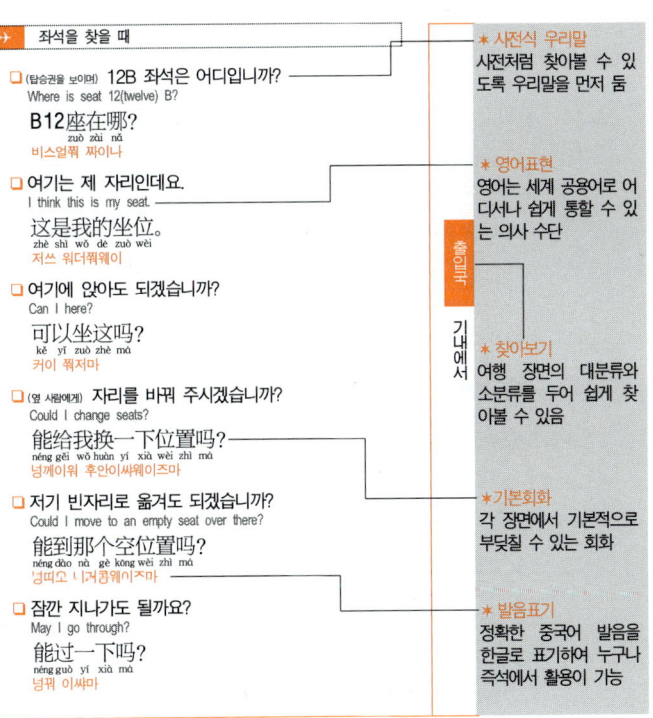

★ 사전식 우리말
사전처럼 찾아볼 수 있도록 우리말을 먼저 둠

★ 영어표현
영어는 세계 공용어로 어디서나 쉽게 통할 수 있는 의사 수단

★ 찾아보기
여행 장면의 대분류와 소분류를 두어 쉽게 찾아볼 수 있음

★ 기본회화
각 장면에서 기본적으로 부딪칠 수 있는 회화

★ 발음표기
정확한 중국어 발음을 한글로 표기하여 누구나 즉석에서 활용이 가능

Contents

Part 1 여행 중국어를 위한 워밍업　　　　　　　　　　　　17

01. 인사의 표현 ········· 30
02. 감사의 표현 ········· 32
03. 사과의 표현 ········· 34
04. 응답의 표현 ········· 36
05. 되물음의 표현 ········· 38
06. 구체적인 질문 표현 ········· 40
07. 장소에 관한 표현 ········· 42
08. 정도의 표현 ········· 44
09. 유무에 관한 표현 ········· 46
10. 의뢰에 관한 표현 ········· 48
11. 허락에 관한 표현 ········· 50
12. 긴급상황시의 표현 ········· 52

Part 2 출입국　　　　　　　　　　　　　　　　　　　　　　　59

01. 기내에서 ········· 62
　좌석을 찾을 때 63 | 기내 서비스를 받을 때 64
　면세품 구입과 몸이 불편할 때 65 | 궁금한 사항을 물을 때 66
　환승할 때 67 | 페리(선박)을 이용할 때 68
02. 입국심사 ········· 72
　방문목적을 물을 때 73 | 체재 장소와 일정을 물을 때 73
　기타 질문 사항 74
03. 세관검사 ········· 76
　짐을 찾을 때 77 | 세관검사를 받을 때 78
04. 공항에서 ········· 80
　환전을 할 때 81 | 관광안내소에서 82 | 호텔을 찾을 때 83
05. 시내로 이동 ········· 84
　포터 85 | 택시 86 | 버스 87

Part 3 숙 박　　　　　　　　　　　　　　　　　　　　　　　89

01. 호텔 예약 ········· 92
　안내소에서 93 | 전화로 예약할 때 94
02. 호텔 체크인 ········· 98
　프런트에서 체크인할 때 99 | 체크인 트러블 103
03. 룸서비스 ········· 104
　룸서비스를 부탁할 때 105 | 룸서비스가 들어올 때 107

04. 호텔시설 이용하기 ········· 108
시설물을 물을 때 109 | 세탁 111 | 미용실에서 112
이발소에서 113

05. 호텔에서 전화·우편 ········· 114
전화를 이용할 때 115 | 편지를 보낼 때 117

06. 호텔에서의 트러블 ········· 118
방에 들어갈 수 없을 때 119 | 방을 바꿔달라고 할 때 120
수리를 원할 때 120 | 청소·비품이 없을 때 121

07. 체크아웃 ········· 122
체크아웃을 준비할 때 123 | 체크아웃 124 | 계산을 할 때 125

Part 4 식 사 127

01. 식당 찾기·예약하기 ········· 130
식당을 찾을 때 131 | 식당 예약하기 134

02. 식사 주문 ········· 136
자리에 앉을 때까지 137 | 메뉴를 볼 때 138 | 주문할 때 139

03. 식사를 하면서 ········· 144
먹는 법·재료를 물을 때 145 | 필요한 것을 부탁할 때 145
디저트·식사를 마칠 때 146

04. 술집에서 ········· 148
술을 주문할 때 149 | 술을 마실 때 151

05. 식당에서의 트러블 ········· 152
요리가 늦게 나올 때 153 | 주문을 취소하거나 바꿀 때 154
요리에 문제가 있을 때 155

06. 패스트푸드점에서 ········· 156
패스트푸드를 주문할 때 157 | 주문을 마칠 때 159

07. 식비·술값 계산 ········· 162
지불방법을 말할 때 163 | 계산할 때 164

Part 5 교 통 167

01. 길을 물을 때 ········· 170
길을 물을 때 171 | 길을 잃었을 때 174 | 길을 물어올 때 175

02. 택시를 이용할 때 ········· 176
택시를 잡을 때 177 | 택시를 탈 때 177 | 택시에서 내릴 때 179

03. 버스를 이용할 때 ········· 180
시내버스 181 | 시외버스 182 | 관광버스 183

04. 지하철을 이용할 때 ········· 184
지하철역에서 185 | 지하철을 탔을 때 186

05. 열차를 이용할 때 ········· 188

표를 구입할 때 189 | 열차를 탈 때 190
열차 안에서 191 | 문제가 생겼을 때 193

06. 비행기를 이용할 때 ························· 194
항공권 예약 195 | 체크인과 탑승 196

07. 렌터카·렌터사이클 ························· 200
자동차·자전거를 빌릴 때 201 | 차종을 고를 때 202
렌터카 요금과 보험 203

08. 차를 운전할 때 ····························· 204
차를 운전하면서 205 | 주유·주차할 때 206 | 차 트러블 207

Part 6 관광   209

01. 관광안내소에서 ····························· 212
관광안내소에서 213 | 거리·시간 등을 물을 때 215
투어를 이용할 때 216

02. 관광지에서 ································· 218
관광버스 안에서 219 | 관광을 하면서 220 | 기념품점에서 221

03. 관람을 할 때 ······························· 222
입장료를 구입할 때 223 | 미술관에서 224 | 박물관에서 225
극장에서 226 | 콘서트·뮤지컬 227

04. 사진을 찍을 때 ····························· 228
사진촬영을 허락받을 때 229 | 사진촬영을 부탁할 때 230
필름가게에서 231

05. 오락을 즐길 때 ····························· 232
나이트클럽에서 233 | 디스코텍·가라오케에서 234 | 카지노에서 235

06. 스포츠를 즐길 때 ··························· 236
스포츠를 관전할 때 237 | 골프·테니스 238 | 레저 즐기기 239

Part 7 쇼 핑   241

01. 가게를 찾을 때 ····························· 244
쇼핑센터를 찾을 때 245 | 가게를 찾을 때 246
가게로 가고자 할 때 247

02. 물건을 찾을 때 ····························· 250
가게 안에서 251 | 물건을 찾을 때 251
구체적으로 찾는 물건을 말할 때 253

03. 물건을 고를 때 ····························· 254
물건을 보고 싶을 때 255 | 색상을 고를 때 256
디자인을 고를 때 257 | 사이즈를 고를 때 258
품질에 대한 질문 259

04. 백화점·면세점에서 ························· 264
매장을 찾을 때 265 | 물건을 고를 때 266 | 면세점에서 267

05. 물건값을 계산할 때 ··· 268
   가격을 물을 때 269 | 가격을 깎을 때 270
   구입 결정과 지불 방법 271

06. 포장·배송을 원할 때 ··· 272
   포장을 부탁할 때 273 | 배달을 원할 때 274 | 배송을 원할 때 275

07. 물건에 대한 클레임 ··· 276
   구입한 물건을 교환할 때 277 | 구입한 물건을 반품할 때 278
   환불·배달사고 279

Part 8 방문·통신·우편   281

01. 방문할 때 ··· 284
   함께 식사하기를 권유할 때 285 | 초대에 응하거나 거절할 때 286
   초대받아 방문할 때 287

02. 전화를 이용할 때 ··· 288
   공중전화를 이용할 때 289 | 전화를 걸 때 290 | 전화를 받을 때 291

03. 우편을 이용할 때 ··· 292
   우체국에서 293 | 편지를 보낼 때 294 | 소포를 보낼 때 295

Part 9 트러블   297

01. 말이 통하지 않을 때 ··· 300
   중국어의 이해 301 | 통역·한국어 302
   중국어를 못 알아들을 때 303

02. 난처할 때 ··· 304
   난처할 때 305 | 상황이 위급할 때 306

03. 분실·도난을 당했을 때 ··· 308
   분실했을 때 309 | 도난당했을 때 310 | 경찰서에서 311

04. 사고를 당했을 때 ··· 312
   교통사고를 당했을 때 313 | 교통사고·교통위반을 했을 때 314
   사고경위를 진술할 때 315

05. 몸이 아플 때 ··· 318
   병원에 갈 때 319 | 몸에 이상이 있을 때 320
   증상을 설명할 때 321 | 진료를 마치면서 323

Part 10 귀국   325

01. 예약변경·예약 재확인 ··· 328
   귀국편 예약 329 | 예약 재확인 330
   예약의 변경과 취소 할 때 331

02. 탑승과 출국 ··· 332
   탑승수속을 할 때 333 | 수화물을 체크할 때 334 | 탑승안내 335

Travel Information

중국여행 준비

✈ 여권 만들기

여권은 외국에 여행하는 사람의 신분과 국적을 증명하는 서류로 외무부 여권과나 시청, 도청에서 발급 받는다. 일반, 외교관, 관용여권으로 구분된다. 일반여권은 복수여권, 단수여권, 거주여권으로 나뉘며 일반 관광객은 유효기간 5년의 일반 복수여권을 발급 받는다. 여권신청은 개인이 직접 하거나 여행사에서 대행해준다.

◈ 구비서류 : 주민등록등본 1부, 사진 3매(3개월 이내), 주민등록증 또는 운전면허증(사본이 아닌 원본), 호주의 주민등록번호
  _ 해외여행이 처음인 30세 미만 남자 : 공항이나 부두에서 국외여행신고서 작성
  _ 18세 이하 : 여권발급 동의서(보호자 인감도장 날인), 인감증명서(여권발급 동의용)

◈ 발급비용 : 5년 45,000원 / 1년 15,000원 / 연장 5,000원

◈ 발급소요기간 : 7일

◈ 유효기간 : 복수여권 5년, 단수여권 1년

◈ 대행기관 : 시간이 없거나 편리하게 처리하고 싶다면 준비 서류를 여행사를 통해 대행을 받으면 된다.

◈ 발급기관(본인이 직접 만들 경우)
  서울 : 종로구청, 서초구청, 영등포구청, 노원구청
  지방 : 각 시청, 도청 여권과(관용여권은 외무부 여권과)
  _ 만 8세 미만의 경우는 성인과 같이 단독으로 여권을 만들 수도 있고, 동반자 여권을 만들 수도 있다. 동반자 여권의 경우 보호자의 여권에 함께 포함되게 된다. 그러나 동반자 여권이라 하더라도 비자는 따로 받아야 한다. 필요한 서류는 일반 여권을 만들 때와 같다.

◇ 여권 기간연장

여권의 유효기간이 3개월이 남았거나 유효기간이 지난지가 6개월 미만이라면 새로 만들지 말고 기간연장을 하면 된다. 서류는 새로 만드는 것과 같다. 비용은 5000원이 든다.

✈ 비자 받기

중국대사관을 통해서 받는 비자는 단수와 복수 두 가지가 있다.
단수비자는 1회 방문에만 한해 유용하며 다음에 여행을 갈 때는 다시 받아야 하며, 복수비자는 한번 비자를 받으면 유효기간 동안 몇 번이라도 다시 방문할 수 있다.

복수비자는 유효기간이 6개월 이상이 되는 것으로, 중국에서 초청을 했거나, 중국현지에 업체를 설립 중이거나, 중국 업체에 재직하거나, 중국으로 출장을 가는 경우 등에 받을 수 있다.

◇ 일반비자의 신청서류와 절차
 _ 초청장
 _ 여권(유효기간이 6개월 이상일 것)
 _ 비자 신청서
 _ 사진 1장(3.7×3.7cm)
 _ 수수료 : 단수비자의 경우에는 일반 15,000원, 급행은 35,000원, 그리고 복수비자는 보통 45,000원, 급행은 65,000원이다.
 _ 복수비자의 경우에는 중국친지, 정부기관, 단체 등의 초청장, 중국업체 설립증, 재직 및 출장증명서 등이 필요하다. 초청장이 없는 일반 개인은 여행사를 통하거나 배를 이용할 경우 운항회사에 대행시켜 발급 받을 수 있다.

위의 서류가 준비되면 대사관의 비자접수 창구 중 제2, 3창구에서 비자를 신청하고, 제5창구에서 수수료를 지불하면, 3일이나 일주일 뒤에 제1창구에서 비자를 발급 받을 수 있다.

◇ 선상비자

인천에서 배편을 이용하여 중국으로 들어갈 경우 선상에서 중국비자를 받을 수 있다. 선상비자는 다른 비자와 달리 비자를 받는 절차가 간단한 반면에 유효기간이 1개월인 L비자를 받는다.
배를 탄 뒤 선상 안내방송에 따라 비자를 신청하면 되며, 선상비자는 중국대사관에서 발급하는 비자와 똑같은 효력을 발휘하므로 여행을 하는데 아무런 문제가 없다.

✈ 환전

출국하기 전에 미리 은행이나 공항의 환전소에서 중국 화폐(위엔)로 바꾸는 게 좋다. 고액을 바꾼다면 분실했을 때도 안전한 여행자수표를 준비하는 게 좋고 액면가는 고액보다 소액으로 마련하는 것이 사용하기 편리하며 달러로 바꾼 후 중국에서 환전을 해도 되지만 환전수수료를 손해를 본다. 여행자수표의 환전수수료가 현금보다 유리하다.

✈ 항공권

여행사에서 단체로 가는 경우에는 문제가 없으나 개인 출발이라면 출발 3일(72시간) 전에 반드시 예약을 재확인해야 한다. 개인적으로 출발할 때 항공권의 가격은 회사별로 차이가 많이 나며 중국 전문 여행사를 이용하고 직항 노선보다 경유노선을 취항하는 항공편의 가격이 훨씬 저렴하다. 요즈음은 비즈니스맨을 위하여 비즈니스 호텔과 조식을 왕복 항공권에 포함한 비즈니스상품을 팔고 있는 여행사가 많다.

✈ 증명서 준비

◇ 국제학생증
학생의 신분이라면 전세계 어디에서나 통용되는 국제학생여행연맹이 발급하는 국제학생증을 미리 받아둔다. 신청서류는 학생증사본, 반명함판 사진 1매, 소정의 양식을 작춘 신청서와 수수료이다.

발급은 국제학생여행사(02-733-9494)이며, 유효기간은 1년이다.
http://www.isic.co.kr

◇ 국제운전면허증
여행지에서 직접 운전을 하고 싶을 때는 국제운전면허증을 준비해야 한다. 신청할 때는 관할 운전면허시험장에 신청하며, 여권, 운전면허증, 주민등록증, 사진 1매, 수수료(5,000원)가 필요하다.

✈ 해외여행보험

여행 도중 갑작스럽게 일어날 수 있는 사고에 대비하여 가입해 두는 보험이다. 보험료도 저렴하고 가입절차도 간편하므로 여행을 떠나기 전에 반드시 가입하는 것이 좋다. 보험금은 여행기간과 보상 금액에 따라 차이가 나며, 20명 이상 단체로 여행할 때는 보험료를 할인해 주기도 한다. 공항에 있는 보험사에 출발 전에 가입해도 되지만, 미리 가입하면 집을 떠날 때부터 귀국하여 집에 도착할 때까지 적용된다.

✈ 신용카드

신용사회는 대금지불 목적 외에도 신분증명서의 역할도 겸하므로 해외에 나갈 때는 가지고 간다. 신용카드의 해외사용 한도액은 $5,000이다. 대금의 지불은 사용 후 2개월 이내에 지정은행의 예금계좌에서 원으로 환산되어 지출된다.

✈ 여행가방과 짐 꾸리기

여권과 항공권·현금·신용카드·필기도구와 각종 서류는 빠뜨리지 않고 챙겨, 작은 가방 등에 넣어 몸에 지닐 수 있도록 한다. 그리고 세면도구와 속옷류·신발은 서로 뒤섞이지 않도록 입구를 봉할 수 있는 비닐봉지를 따로 싸서 넣는다. 비행기 화물 짐의 무게는 20kg이고, 비행기 내에 반입할 수 있는 가방과 짐은 가로·세로·높이의 합계가 115cm 이내이다.

여행 준비물

PART 1

여행 중국어를 위한 워밍업

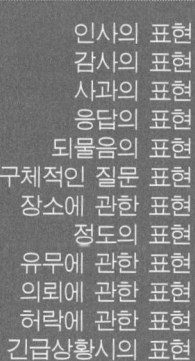

인사의 표현
감사의 표현
사과의 표현
응답의 표현
되물음의 표현
구체적인 질문 표현
장소에 관한 표현
정도의 표현
유무에 관한 표현
의뢰에 관한 표현
허락에 관한 표현
긴급상황시의 표현

중국어의 병음

✱ 운모(韻母)

❶ 단운모(单韵母)

운모 중 가장 기본이 되는 발음이며, 발음할 때 처음부터 끝까지 입 모양과 혀의 위치가 변하지 않는 것으로 다음과 같이 6가지가 있다

a 입을 크게 벌리고 '아' 하고 발음한다.

o 입 모양을 둥글게 하고 '오'와 '어'의 중간 발음을 한다.

e 입을 반쯤 벌리고 '으-어'라고 발음한다.

i 한글 발음의 '이'하고 발음할 때보다 좌우로 더 벌려 '이'라고 발음한다. (단, 단독으로 음절을 구성할 때는 'yi'라고 표기한다.)

u 입술을 둥글게 오므리면서 앞으로 내밀고 '우'라고 발음한다. (단, 단독으로 음절을 구성할 때는 'wu'라고 표기한다.)

ü '우'보다 약간 더 앞으로 내밀며 '위'라고 발음한다. (단, 단독으로 음성을 구성할 때는 'yu'라고 표기/j, q, x

와 결합할 때는 위의 두 점은 생략한다.)
'위' 발음은 발음이 끝날 때까지 입 모양을 변하게 해서는 안 된다. 보통 한글 발음은 '위-이'로 발음하지만, 중국에서는 '위-위'라고 끝난다.

❷ 복운모(复韵母)
두 개의 单韵母가 결합하여 이루어진 것으로, 입 모양과 혀의 위치는 발음을 시작할 때와 끝날 때가 각각 다르며, 아래 4가지가 있다.

- **ai**   'a' 쪽에 강세를 두어 'i'를 가볍게 붙여 읽는다.

- **ei**   'e' 쪽에 강세를 두어 'i'를 가볍게 붙여 읽는다.

- **ao**   'a' 쪽에 강세를 두어 'o'를 가볍게 붙여 읽는다.

- **ou**   'o' 쪽에 강세를 두어 'u'를 가볍게 붙여 읽는다.

❸ 부성운모(附声韵母)
단운모에 비음운미(鼻音韵尾)인 n·ng 가 결합하여 이루어진 것으로 아래와 같이 4개가 있다. 입 모양과 혀의 위치는 시작할 때와 끝날 때가 각각 다르다.

- **an**   먼저 'a' 발음을 내다가 우리말의 'ㄴ' 받침을 붙여 발음한다. 이때 'ㄴ'은 비음으로 나온다.

- **en**   'e'를 발음하면서 'ㄴ' 받침을 붙여 발음한다. 이때 'ㄴ'은 비음으로 나온다.

- **ang** 'a'를 발음하면서 'ㅇ' 받침을 붙여 발음한다. 이때 'ㄴ'은 비음으로 나온다.

- **eng** 'e'를 발음하면서 'ㅇ' 받침을 붙여 발음한다. 이때 'ㄴ'은 비음으로 나온다.

❹ 권설운모(卷舌韻母)
성모와 결합하지 않고 항상 단독으로 쓰이는데, 때로는 단어의 끝에 붙어서 발음변화를 일으키기도 한다.

- **er** 'e'를 발음하면서 혀끝을 말아서 'ㄹ' 받침을 붙여 발음한다.

❺ 결합운모(結合韻母)
개구음인 a·o·e와, 이들을 주요 운모로 하는 i·u가 결합하여 만들어진다.

① i와 결합하는 것

- **ia** 'a'쪽에 강세를 두어 「이아→야」처럼 발음한다.

- **ie** 우리나라 말의 '이에'와 비슷하나, '예'에 가깝게 들린다. 는 단독으로 쓰일 때는 e 위에 표시를 하지만, 결합운모로 될 때는 e로 표기한다. 결합운모로 되는 것은 ie와 e 두 가지가 있다.

- **iao** 주모음은 'a'이므로 강하게 읽어 '야오' 같이 읽는다.

- **iou** 주모음은 'o'이므로 이를 강하게 읽어 '여우' 같이 읽는다. iou는 앞에 성모가 오면 o가 없어지고, -iu로 표기되니 주의한다.

- **ian** 표기대로 하면 '이안'이나 실제발음은 '옌'과 같이 발음되므로 특히 주의한다.

- **in** 'i' 발음에 우리말 'ㄴ' 받침을 붙이는 것과 비슷하다.

- **iang** 주모음 'a'에 강세를 두어 「양」 같이 발음된다.

- **ing** 'i' 발음에 「ㅇ」 받침을 붙인 것과 같다.

- **iong** 'i' 발음에 「웅」 발음을 더한 것과 같다. 우리말 '융'과 비슷하게 발음한다.

📎 i가 성모와 결합하여 그 뒤에 놓이는 경우엔 그대로 i로 표기하지만, 성모와 결합하지 않고 그 자체로 음절을 이루게 될 경우에는 i를 y로 고쳐 표기하게 된다. 예) ya

② **u와 결합하는 것**

- **ua** 'u'와 'a'의 결합으로 'a'에 강세를 두어서 읽는다.

- **uo** 'u'와 'o'의 결합으로 'o'에 강세를 두어서 읽는다.

- **uai** 주모음인 'a'에 강세를 두어 읽게 된다.

- **uei** 주모음인 'e'에 강세를 주어 발음한다. 그러나 자음과 결합하면 표기는 '-ui'으로 바뀌고 발음은 '우이'로 된다. 예 dui

- **uan** 주모음인 'a'에 강세를 주어 우리말의 '완'처럼 발음.

- **uen** 주모음인 'e'에 강세를 주어 발음한다. 그러나 자음과 결합하면 표기는 '-un'으로 바뀌게 되고 발음은 '운'처럼 읽는다. 예 dun

- **uang** 주모음인 'a'에 강세를 주어 읽는다.

- **ueng** 주모음인 'e'에 강세를 주어 읽는다. 그러나 자음과 결합하면 표기는 '-ong'으로 바뀌게 되고 발음은 '옹'처럼 읽는다. 예 tong

✎ u가 성모와 결합하여 그 뒤에 놓이는 경우엔 그대로 u로 표기하지만, 성모와 결합하지 않고 그 자체로 음절을 이루게 될 경우에는 u를 w로 고쳐 표기하게 된다. 예 wa

③ ü와 결합하는 것

- **üe** 'ü'와 'e'의 결합으로 'e' 쪽에 강세를 주어 읽는다.

- **üan** 표기대로 읽으면 '위안'이 되지만, 실제로는 발음이 변하여 '위옌'처럼 발음되므로 주의한다.

- **ün** 'ü' 발음에 'ㄴ'을 붙인 것과 같다.

✍ ü는 성모 j, q, x와 결합할 때 'u'로 표기되고 n, l 뒤에 놓이는 경우에는 'ü'로 표기한다. 성모와 결합하지 않고 그 자체로 음절을 이루게 될 경우에는 ü의 두 점을 생략하고 동시에 그 앞에 y를 첨가하여 'yu'로 고쳐 표기한다. 예 xue, lüe, yue.

성모(声母)

❶ 순음(脣音)

윗입술과 아랫입술, 또는 윗니와 아랫입술이 작용하여 내는 소리. 'o'를 붙여서 읽는다.

b 아래 위 입술을 다물었다가 떼면서 우리말의 'ㅂ' 음을 낸다.

p b의 발음요령과 같으나 입김을 더 강하게 내보내면서 우리말의 'ㅍ' 음을 낸다.

m 아래 위 입술을 다물었다가 떼면서 우리말의 'ㅁ' 음을 낸다. 비음이다.

f 윗니의 끝에다 아랫입술을 가볍게 갖다 대고 그 사이로 기류를 마찰시켜 내는 소리로 영어의 f 발음와 비슷하다.

❷ 설첨음(舌尖音)

혀끝과 윗잇몸이 작용하여 내는 소리이다. 'e'를 붙여서 읽는다.

d 혀끝을 윗잇몸에 붙이고 있다가 떼면서 우리말의 'ㄷ' 음을 낸다.

- **t**   d의 발음요령과 같으나 입김을 더 강하게 내보내면서 우리말의 'ㅌ' 음을 낸다.

- **n**   혀끝을 윗잇몸에 붙이고 있다가 떼면서 우리말의 'ㄴ'음을 낸다. 비음이다.

- **l**   혀끝을 세워 치경앞에 붙이고 있다가 떼면서 영어의 'l' 발음을 낸다.

❸ 설근음(舌根音)
혀뿌리와 여린입천장이 작용하여 내는 소리이다. 'e'를 붙여 발음한다.

- **g**   혀뿌리를 올려 연구개에 붙였다가 떼면서 우리말의 'ㄱ' 음을 낸다.

- **k**   g와 발음요령은 같으나 입김을 더 강하게 내보내면서 우리말의 'ㅋ' 음을 낸다.

- **h**   혀뿌리를 올려 연구개에 접근시키고 그 사이로 기류를 마찰시켜 우리말의 'ㅎ' 같은 음을 낸다.

❹ 설면음(舌面音)
혓바닥과 경구개가 작용하여 내는 소리이다. 'i'를 붙여 발음한다.

- **j**   혓바닥을 올려 경구개에 가볍게 붙였다가 떼면서 그 사이로 기류를 마찰시켜 우리말의 'ㅈ'처럼 발음한다.

- **q**   j와 발음요령은 같으나 입김을 더 강하게 내보내면서 우리말의 'ㅊ' 음을 낸다.

- **x**   혓바닥을 올려 경구개에 가볍게 붙였다가 떼면서 그 사이로 기류를 마찰시켜 우리말의 'ㅅ'처럼 발음한다. 이때 혀가 이에 닿지 않도록 주의한다.
  'i'를 발음할 때는 우리말 '이'를 발음할 때보다 약간 더 양옆으로 입을 벌려 준다. 여기서 혀는 입안 어느 부위에서 닿아서는 안 된다. 어떤 사람들처럼 'x'(시) 발음을 영어의 's'처럼 이에 대고 발음하면 안 된다.

❺ 권설음(卷舌音)

혀끝 뒤편과 경구개가 작용하여 나는 소리이다. 음가 없는 'i'(으)를 붙여 발음한다.

- **zh**   혀끝을 안쪽으로 말아올려 혀끝 뒤쪽이 경구개에 가볍게 닿게 한 뒤 약간 떼면서 기류를 그 사이로 마찰시켜 우리말의 'ㅈ' 음을 낸다. (혀는 앞으로 펴지 않고 그 모양을 유지한다.)

- **ch**   zh와 발음요령은 같으나 입김을 더 강하게 내보면서 우리말의 'ㅊ' 음을 낸다.

- **sh**   혀끝을 안쪽으로 말아올려 혀끝 뒤쪽이 경구개에 닿을 듯 말 듯한 상태에서 그 사이로 기류를 마찰시켜 'ㅅ'음을 낸다.

- **r**   sh의 발음요령은 같으나 성대를 울리면서 우리말의 'ㄹ' 비슷한 음을 낸다.

❻ 권설음(卷舌音)
혀를 말아서 입천장에 대고 내는 발음이다. 혀로 입천장을 대보면 딱딱한 부분이 있고 약간 더 들어가면 연한 부분이 있다. 그 딱딱한 부분을 '경구개' 그리고 연한 부분은 '연구개'라고 한다.

❼ 설치음(舌齒音)
혀끝과 윗니가 작용하여 내는 소리이다. 음가 없는 'i'(으)를 붙여 발음한다.

- Z 아랫니와 윗니를 맞물고 혀끝을 앞으로 쭉 뻗쳐 윗니에 붙였다가 떼면서 그 사이로 기류를 마찰시켜 우리말의 'ㅉ' 음을 낸다.

- C z와 발음요령은 같으나 입김을 더 강하게 내보면서 우리말의 'ㅊ' 음를 낸다.

- S 아랫니와 윗니를 맞물고 혀끝이 윗앞니 뒷면에 닿을 듯 말 듯한 상태에서 그 사이로 기류를 마찰시켜 우리말의 'ㅆ' 음을 낸다.

중국어의 성조

✱ 사성(四声 : sìshēng)

중국어는 다른 언어와 다르게 특별한 높낮이를 가지는데, 이것을 네 가지로 구분해서 소리를 내는데 이것을 4성(四声)이라고 한다.

보통 성조를 표시할 때 아래와 같은 그림으로써 높낮이 구분을 한다. 여기서 중간음은 일반적인 대화를 할 때 자신이 내는 음의 높이를 말한다.

이 중간음을 기준으로 조금 높게 발음하면 고음 즉, 1성의 소리 영역이 되고 이 중간음에서 약간 낮게 발음하면 3성을 낼 수가 있다.

보통 말하는 톤은 개인마다 다르기 때문에 그 음역도 따라서 달라진다. 일반적으로 남자는 좀 더 낮은 톤으로 여자는 높은 톤으로 발음한다.

1성) 높고 길게 발음한다.

2성) 중간에서 높은 음으로 올리며 내는 소리이다.

2성) 중저음에서 저음으로 내렸다가 다시 올리면서 발음한다.

2성) 짧고 세게 발음한다.

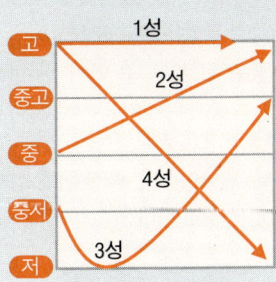

✳ 성조의 변화

❶ 반 3성
3성에 해당하는 글자 뒤에 3성이 아닌 글자가 오면 이어서 발음할 때, 3성 성조의 앞부분 즉, 내려오는 부분만 발음하는 것을 말한다. 표기는 그대로 한다. 3성+3성일 때는 앞 3성은 2성으로 발음한다. 표기는 그대로 한다.

❷ 경성
두 음절 이상의 단어 중에서 마지막 음절이 종종 본래의 성조를 잃고 짧고 약하게 발음되는 경우가 있는데 이것을 경성(轻声)이라고 하며 일반적으로 성조 표시를 하지 않는다.
 ① 각종 조사
 ② 각종 접미사
 ③ 동음이 중첩된 명사나 동사의 두 번째 음절
 ④ 방위사
 ⑤ 방향 보어
 ⑥ 중복동사 사이의 一(yī 이) 와 不(bù 뿌)

❸ 성조 부호 표시법
성조 부호는 주요 모음 a, e, o, i, u 위에 붙는다. 모음이 두 개 이상일 경우 두 모음 중 입이 더 벌려지는 순서로 표기한다.

❹ 儿化(얼화)
'r' 발음이 다른 음절 뒤에 접미사로 쓰여서 어음을 변화시키는 것을 儿化라고 한다.

✱ 주요 간체자(简体字) 왼쪽이 정자 오른쪽이 간체자

정자	간체	정자	간체	정자	간체	정자	간체
箇	个	動	动	習	习	戰	战
開	开	頭	头	實	实	錢	钱
關	关	樂	乐	兒	儿	際	际
觀	观	蘭	兰	亞	亚	從	从
乾	乾	淚	泪	藥	药	遲	迟
塊	块	歷	历	業	业	進	进
橋	桥	陸	陆	葉	叶	車	车
階	阶	龍	龙	藝	艺	廳	厅
鷄	鸡	隣	邻	烟	烟	總	总
貴	贵	買	买	郵	邮	親	亲
軍	军	滅	灭	衛	卫	沈	沈
劇	剧	無	无	遠	远	湯	汤
幾	几	門	门	園	园	筆	笔
機	机	發	发	雜	杂	蝦	虾
喫	吃	飛	飞	長	长	漢	汉
農	农	賓	宾	將	将	護	护
壇	坛	氷	冰	醬	酱	華	华
達	达	書	书	災	灾	歡	欢
圖	图	歲	岁	電	电	換	换
東	东	術	术	專	专	還	还

UNIT 01

인사의 표현

사람을 만나면 모르는 사람이라도 你好(니하오)라고 가볍게 인사를 나눠 봅시다. 윗사람에게 您好(닌하오)라고 하면 더욱 정중한 표현이 됩니다. 먼저 你好라고 인사를 하면 你好라고 대답을 해도 되며, 아침, 낮, 저녁 구분하지 않고 사용합니다. 그러나 시간대에 따라서 아침에는 你早(니자오)!, 저녁에는 晩上好(완상하오)라고도 합니다.

Q: 안녕하세요.
  Hi!
  你好!
  nǐ hǎo
  니하오

A: 안녕하세요.
  Hello!
  你好!
  nǐ hǎo
  니하오

□ 안녕하세요.
Good morning(afternoon, evening).
你好!
nǐ hǎo
니하오

□ 잘 지내셨습니까?
How are you?
你好吗?
nǐ hǎo ma
니하오마

❏ 잘 지냅니다. 당신은요?
　Fine thank you. And you?
　我很好，你呢?
　wǒ hěn hǎo　nǐ ne
　워헌하오　니너

❏ 처음 뵙겠습니다.
　Nice to meet you.
　见到你很高兴。
　jiàn dào nǐ hěn gāo xìng
　지엔따오니 헌까오씽

❏ 저 역시 만나서 반갑습니다.
　Nice to meet you, too.
　认识你我也很高兴。
　rèn shí nǐ wǒ yě hěn gāo xìng
　런스니워예 헌까오씽

❏ 안녕히 계십시오.
　Goodbye.
　再见!
　zài jiàn
　짜이찌엔

❏ 안녕히 가십시오.
　Goodbye.
　请慢走。
　qǐng màn zǒu
　칭만저우

❏ 내일 또 만납시다.
　See you tomorrow.
　明天再见!
　míng tiān zài jiàn
　밍티엔 짜이찌엔

❏ 한국에서 다시 만납시다.
　See you in Korea.
　到韩国再见!
　dào hán guó zài jiàn
　따오한궈 짜이찌엔

위밍엽 인사의 표현

UNIT 02 — Travel Chinese

감사의 표현

남에게 뭔가를 받았을 때는 항상 谢谢(씨에씨에)라고 감사의 마음을 전하는 것을 잊지 않도록 합시다. 谢谢, 谢谢라고 두 번 반복해서 말하면 고마움의 표현이 한층 더해집니다. 여기에 대해 상대는 不客气(뿌커치)라고 대답을 할 것입니다. 이것은 '천만에요'라는 뜻이므로 이 두 표현이 자연스럽게 입밖으로 나올 수 있도록 많은 연습을 합시다.

Q : 감사합니다.
Thank you.

谢谢!
xiè xie

씨에 씨에

A : 천만에요.
You're welcome.

不客气!
bù kè qì

뿌커치

□ 고마워요.
Thanks.

谢谢!
xiè xie

씨에씨에

□ 대단히 감사합니다.
Thank you very much.

非常感谢!
fēi cháng gǎn xiè

페이창 깐씨에

- 감사드립니다.
  I appreciate it.
  谢谢您!
  xiè xie nín
  씨에씨에 닌

- 친절에 감사드립니다.
  Thank you for your kindness.
  谢谢您的热情款待!
  xiè xie nín de rè qíngkuǎn dài
  씨에씨에 닌더러칭콴따이

- 도와 주셔서 감사드립니다.
  Thank you for your help.
  谢谢您的帮助!
  xiè xie nín de bāng zhù
  씨에씨에 닌더방주

- 여러모로 감사드립니다.
  Thank you for everything.
  谢谢你为我做的所有事。
  xiè xie nǐ wèi wǒ zuò de suǒ yǒu shì
  씨에씨에 니웨이워 쭤더숴여우스

- 진심으로 감사드립니다.
  Heartily, thank you.
  真心感谢您!
  zhēn xīn gǎn xiè nín
  전신 간씨에닌

- 천만에요.
  You're welcome.
  不客气!
  bú kè qì
  뿌커치

- 아뇨, 괜찮습니다.
  No, thank you.
  不，没关系。
  bù   méi guān xì
  뿌   메이꽌씨

워밍업

감사의 표현

사과의 표현

対不起(뚜이부치)란 기본적으로 '미안하다, 죄송하다'라는 의미로, 자신의 실수나 좋지 못한 행위, 폐를 끼쳤다고 생각될 때 상대방에게 사과하는 마음으로 쓰는 표현입니다. 일상에서 사과의 정도가 높을 경우에는 很对不起(헌뚜이부치), 真对不起(전뚜이부치)라고 합니다. 사과에 대한 대답으로는 보통 没什么(메이션머), 没关系(메이 꽌 씨)라고 합니다.

Q: 미안합니다.
I'm sorry.
对不起!
duì bu qǐ
뚜이 부 치

A: 괜찮습니다.
That's all right.
没关系!
méi guān xi
메이 꽌 씨

☐ 정말로 죄송합니다.
I'm really sorry.
真对不起!
zhēn duì bu qǐ
전뚜이부치

☐ 늦어서 미안합니다.
I'm sorry I'm late.
对不起, 迟到了!
duì bu qǐ   chí dào le
뚜이부치 츠따오러

- ❏ 실례합니다(실례했습니다).

    Excuse me.

    打扰了!
    dǎ rǎo le
    따라오러

- ❏ 제가 잘못했습니다.

    It's my fault.

    是我对不起!
    shì wǒ duì bù qǐ
    스워 뚜이부치

- ❏ 당신 잘못이 아닙니다.

    That's not your fault.

    不是你的错。
    bù shì nǐ de cuò
    뿌스 니더춰

- ❏ 제 잘못이 아닙니다.

    That's not my fault.

    不是我的错。
    bù shì wǒ de cuò
    뿌스 워더춰

- ❏ 용서하십시오.

    Please forgive me.

    请原谅!
    qǐng yuánliàng
    칭위엔량

- ❏ 걱정하지 마십시오.

    Don't worry.

    请不要担心。
    qǐng bú yào dān xīn
    칭뿌야오 단씬

- ❏ 폐를 끼쳐서 죄송합니다.

    I'm sorry for interrupting you.

    对不起打扰了。
    duì bù qǐ dǎ rǎo le
    뚜이뿌치 따라오러

UNIT 04

응답의 표현

남에게 뭔가를 질문 받았을 때는 분명하게 대답하는 것이 중요합니다. '~입니까?' 의 뜻인 是不是(스뿌스)라는 질문에는 '예' 의 뜻인 是, '아니오' 의 뜻인 不是로 대답합니다. 对不对에는 对나 不对로 대답하는데, 이것은 본래는 '올바르다' 라는 뜻이므로, 상대의 말을 인정하여 '맞습니다', '그렇지 않습니다' 라는 판단이 담겨 있습니다.

Q: 커피 더 드시겠습니까?
More coffee?
还需要咖啡吗?
hái xū yào kā fēi má
하이쉬야오 카페이마

A: 예, 주십시오.
Yes, please.
好，请再给我一杯咖啡。
hǎo qǐng zài gěi wǒ yì bēi kā fēi
하오, 칭자이께이워 이뻬이 카페이

☐ 예. / 아니오.
Yes. / No.
好。 / 不用了。
hǎo   bù yòng le
하오 / 뿌융러

☐ 예, 그렇습니다.
Yes, it is.
好的。
hǎo de
하오더

□ 아니오, 그렇지 않습니다.
No, it isn't.

不, 不是那样。
bù bú shì nà yàng
뿌 뿌스 나양

□ 예, 고마워요.
Yes, thank you.

好, 谢谢!
hǎo xiè xie
하오 씨에씨에

□ 아니오, 괜찮습니다.
No, thank you.

不, 不用了。
bù bú yòng le
뿌 뿌용러

□ 맞습니다.
That's right.

是的。
shì de
스더

□ 알았습니다.
I understand.

知道了。
zhī dào le
즈따오러

□ 모르겠습니다.
I don't know.

不知道。
bù zhī dào
뿌즈따오

□ 괜찮습니다.
I'm OK.

没关系
méi guān xi
메이꽌씨

UNIT 05 Travel Chinese

되물음의 표현

익숙하지 않은 중국어로 대화를 하다 보면 말이 빨라서, 혹은 모르는 단어가 있어 제대로 알아듣지 못할 경우가 많습니다. 따라서 모르는 말이 나왔을 때는 '모르겠습니다'의 뜻인 听不明白了(팅뿌밍바이러)보다는 정중하게 '죄송합니다, 다시 한번 말씀해 주십시오'의 뜻인 对不起, 请你再说一遍(뚜이부치, 칭니짜이쑤오이뻰)이라고 정중하게 말하는 것이 좋습니다.

Q: 저도 여기는 처음입니다.
I'm new here too.
这儿我也是第一次来。
zhè r wǒ yě shì dì yí cì lái
절워예 스띠이츠라이

A: 예, 뭐라고요?
Pardon me?
什么?
shén me
선머

□ 뭐라고 하셨습니까?
What did you say?
您说什么?
nín shuō shén me
닌슈오 선머

□ 다시 한번 말씀해 주시겠습니까?
Could you say that again?
请再说一遍。
qǐng zài shuō yí biàn
칭짜이슈오 이삐엔

- 좀더 천천히 말씀해 주십시오.
  Please speak more slowly.
  请再慢点说, 好吗?
  qǐng zài màndiǎnshuō hǎo má
  칭짜이 만띠엔슈오 하오마

- 뭐라고요?
  What?
  您说什么?
  nín shuōshén mè
  닌슈오 선머

- 그건 무슨 뜻입니까?
  What does it mean?
  那是什么意思?
  nà shì shén mè yì sī
  나스 선머이스

- 이건 어떻게 발음합니까?
  How do you pronounce it?
  这怎么发音?
  zhè zěn mè fā yīn
  쩌전머파인

- 제가 말하는 것을 알겠습니까?
  Do you understand me?
  明白我说什么吗?
  míng bái wǒ shuōshén mè má
  밍빠이 워슈오 선머마

- 써 주십시오.
  Write it down, please.
  写一下可以吗?
  xiě yí xià kě yī má
  시에이샤 커이마

- 이건 어떻게 발음합니까?
  How do you pronounce it?
  这个音怎么发?
  zhè gè yīn zěn mè fā
  저거인 쩐머파

워밍업 도움말의 표현

UNIT 06 구체적인 질문 표현

请/qing은 '물겠습니다'의 뜻이지만, 호텔이나 레스토랑 등에서 사람을 부를 때 말하는 심깐 실례합니다 로도 쓰입니다. 다른 사람에게 뭔가를 부탁할 때는 정중하게 麻烦(마판니)니나 劳驾(라오쟈)를 사용합니다. 전화에서 쓰이는 '여보세요'는 喂(웨이)라고 합니다. 喂는 전화 이외에 사람을 부를 때도 쓰이지만, 이것은 점잖은 표현이 아니므로 너무 많이 사용해서는 안 됩니다.

Q: 이건 무엇입니까?
What's this?

这是什么?
zhè shì shén me

저스선머

A: 한국 인스턴트 식품입니다.
It's Korean instant foods.

是韩国便利食品。
shì hán guó biàn lì shí pǐn

스한궈 삐엔리스핀

□ 이건 무엇에 쓰는 것입니까?
What's this for?

这是用来干什么的?
zhè shì yòng lái gàn shén me de

저스융라이 깐선머더

□ 저 빌딩은 무엇입니까?
What's that building?

那高层建筑物是什么?
nà gāo céng jiàn zhù wù shì shén me

나까오청지엔주우 스선머

40

- 이름이 뭡니까?

  What's your name?

  叫什么名字?
  _{jiào shén me míng zì}
  자오 선머밍쯔

- 그건 뭡니까?

  What's that?

  那是什么?
  _{nà shì shén me}
  나스 선머

- 무얼 찾고 있습니까?

  What are you looking for?

  在找什么?
  _{zài zhǎo shén me}
  짜이자오 선머

- 무슨 일을 하십니까?

  What do you do?

  做什么工作?
  _{zuò shén me gōng zuò}
  쭤 선머꽁쭤

- 전화번호는 몇 번입니까?

  What's your phone number?

  电话号码是多少?
  _{diàn huà hào mǎ shì duō shǎo}
  디엔화하오마스 뚸샤오

- 이것이 무엇인지 아십니까?

  Do you know what this is?

  知道这是什么吗?
  _{zhī dào zhè shì shén me má}
  즈따오 쩌스선머마

- 지금 몇 시입니까?

  What time is it now?

  现在几点了?
  _{xiàn zài jǐ diǎn le}
  씨엔자이 지디엔러

위밍업 **구체적인 질문 표현**

UNIT 07

장소에 관한 표현

'누구' 谁(수이), '무엇' 什么(선머), '언제' 什么时候(선머스허우), '몇 시' 几点(지디엔), '어디' 哪里(나리), 哪儿(날), '어느 것' 哪个(나거), '왜' 为什么(웨이선머) 등의 의문을 나타내는 표현은 여러 가지 질문의 장면에서 활약합니다. 중국어의 의문사는 영어와는 달이 문장 앞에도 오고 뒤에도 옵니다.

Q: 화장실은 어디입니까?
Where's the rest room?

洗手间在哪儿?
xǐ shǒu jiān zài nǎ r

씨셔우지엔 짜이날

A: 입구 근처에 있습니다.
It's by the entrance.

在入口附近。
zài rù kǒu fù jìn

짜이 루커우푸진

❏ 여기는 어디입니까?
Where are we?

这里是哪里?
zhè lǐ shì nǎ lǐ

저리스 나리

❏ 어디에서 오셨습니까?
Where are you from?

从哪儿来?
cóng nǎ r lái

총 날라이

□ 면세점은 어디에 있습니까?
Where's the duty-free shop?
免税店在哪儿?
miǎn shuì diàn zài nǎ r
미엔수이띠엔 짜이날

□ 입구는 어디입니까?
Where's the entrance?
入口在哪儿?
rù kǒu zài nǎ r
루커우 짜이날

□ 그건 어디서 살 수 있습니까?
Where can I buy it?
那个在哪能买到?
nà gè zài nǎ néng mǎi dào
나거 짜이나넝 마이따오

□ 버스정류소는 어디입니까?
Where's the bus stop?
公共汽车站在哪儿?
gōng gòng qì chē zhàn zài nǎ r
꽁공치처잔 짜이날

□ 저는 이 지도의 어디에 있습니까?
Where am I on this map?
我在这个地图的哪个位置?
wǒ zài zhè gè dì tú de nǎ gè wèi zhì
워짜이 저거디투더 나거웨이즈

□ 어디에서 얻을 수 있습니까?
Where can I get it?
在哪儿能买到?
zài nǎ r néng mǎi dào
짜이날 넝마이따오

□ 어느 것이 좋습니까?
Which one do you like?
哪个好?
nǎ gè hǎo
나거 하오

워밍업 장소에 관한 표현

UNIT 08 정도의 표현

多少(사오)~?는 분량이나 정도를 묻는 표현으로, 물건을 살 때 가격을 묻는 多少钱(뚜어사오치엔)은 그 하나입니다. 돈 이외에 시간, 거리, 사람 수가 어느 정도인가를 물을 때도 쓰입니다. 그밖에 정도를 나타내는 표현으로서 10 정도까지의 숫자를 상정하고 '몇 개'라고 묻는 경우가 있습니다. 이럴 때는 几(지)를 사용합니다.

Q : 얼마입니까?

How much is it?

多少钱?
duō shǎoqián

뚜어사오치엔

A : 100위엔입니다.

It's Yuan 100.

一百元。
yì bǎi yuán

이빠이위엔

☐ **입장료는 얼마입니까?**

How much is it to get in?

入场费多少钱?
rù chǎng fèi duō shǎoqián

루창페이 뚜어사오치엔

☐ **공항까지 얼마입니까?**

How much is it to the airport?

到机场多少钱?
dào jī chǎng duō shǎoqián

따오지창 뚜어사오치엔

정도의 표현

□ 이 넥타이는 얼마입니까?
How much is this tie?
这个领带多少钱?
zhè gè lǐng dài duō shǎoqián
저거링따이 뚸사오치엔

□ 얼마나 걸립니까?
How much does it cost?
需要多长时间?
xū yào duō cháng shí jiān
쉬야오 뚸창스지엔

□ 박물관까지 얼마나 됩니까? (거리)
How far is it to the museum?
到博物馆有多远?
dào bó wù guǎn yǒu duō yuǎn
따오보우꽌 여우뚸위엔

□ 역까지 얼마나 걸립니까?
How long does it take to the station?
到车站多长时间?
dào chē zhàn duō cháng shí jiān
따오처잔 뚸창스지엔

□ 자리는 몇 개 비어 있습니까?
How many seats are available?
有几个空位置?
yǒu jǐ gè kōng wèi zhì
여우지거 콩웨이즈

□ 몇 살입니까?
How old are you?
几岁?
jǐ suì
지수이

□ 저 빌딩의 높이는 얼마입니까?
How high is that building?
那个楼有多高?
nà gè lóu yǒu duō gāo
나거러우 여우뚸까오

UNIT 09 유무에 관한 표현

해외여행의 여러 장면에서 이 질문을 할 경우가 많습니다. 有는 '가지고 있다'라는 의미에서부터 '~가 있다'라는 일반적인 존재에 이르기까지 폭넓은 의미로 쓰입니다. 백화점이나 레스토랑에서 자신이 갖고 싶은 것, 사고 싶은 것, 먹고 싶은 것이 있는지 없는지를 묻는 데 편리한 표현입니다.

Q: 필름은 있습니까?
Do you have any film?
有胶卷吗?
yǒu jiāo juǎn má
여우 쟈오쥐엔마

A: 네, 여기 있습니다.
Yes. Right here.
有，在这。
yǒu   zài zhè
여우, 짜이저

☐ 2인석은 있습니까?
Do you have a table for two?
有双人座吗?
yǒu shuāng rén zuò má
여우 수앙런쭤마

☐ 오늘 밤, 빈방은 있습니까?
Do you have a room for tonight?
今天晚上有空房间吗?
jīn tiān wǎn shàng yǒu kōng fáng jiān má
진티엔완상 여우콩팡지엔마

❏ 좀더 큰 것은 있습니까?

Do you have a larger one?

有更大一点的吗?
yǒu gèng dà yì diǎn de má

여우 껑따이띠엔더마

❏ 흰색 티셔츠는 있습니까?

Do you have any shirt in white?

有白色衬衫吗?
yǒu bái sè chènshān má

여우 빠이써천산마

❏ 관광지도는 있습니까?

Do you have a sightseeing map?

有观光地图吗?
yǒu guānguāng dì tú má

여우 꽌구앙띠투마

❏ 야간관광은 있나요?

Do you have a night tour?

有夜间观光吗?
yǒu yè jiān guānguāng má

여우 예지엔꽌구앙마

❏ 공중전화는 있나요?

Do you have a payphone?

有公用电话吗?
yǒu gōngyòng diàn huà má

여우 꿍융디엔화마

❏ 단체할인은 있습니까?

Do you have a group discount?

有集体打折吗?
yǒu jí tǐ dǎ zhé má

여우 지티따저마

❏ 여기에 경찰서는 있습니까?

Is there a police station here?

这里有警察局吗?
zhè lǐ yǒu jǐng chá jú má

저리여우 징차쥐마

워밍업

유무에 관한 표현

UNIT 10 의뢰에 관한 표현

请(칭)은 단독으로도 '자, 하십시오' 라는 의미로 쓰일 뿐만 아니라, 상대에게 '~을 부탁합니다' 라고 권유나 부탁을 할 때도 쓰이며, 영어의 Please와 아주 유사합니다. 남에게 뭔가를 부탁할 때 가장 편한 말이 请입니다. 请/이든 '물겠습니다' 인데, 이처럼 请 뒤에 부탁하고 싶은 말(주로 동사)이 옵니다.

Q: 마실 것은 무얼로 하시겠습니까?

What would you like to drink?

需要喝点什么吗?
xū yào hē diǎnshén me má

쉬야오허띠엔 선머마

A: 커피 주세요.

Coffee, please.

请给我咖啡。
qǐng gěi wǒ kā fēi

칭께이워카페이

☐ 계산을 부탁합니다.

Check, please.

结帐。
jié zhàng

지에장

☐ 도와주시겠습니까?

Can you help me?

能帮一下忙吗?
néngbāng yí xià máng má

넝 빵이샤망마

- 부탁이 있는데요.
  Could you do me a favor?
  想拜托一下，可以吗?
  xiǎng bài tuō yí xià　kě yǐ má
  시앙 빠이퉈이쌰　커이마

- 이걸 하나 주세요.
  Can I have a this one?
  给我一个这个。
  gěi wǒ yí gè zhè gè
  께이워이거 저거

- 지금 어디에 있는지 가르쳐 주세요.
  Could you show me where I am now?
  告诉我现在在哪儿?
  gào su wǒ xiàn zài zài nǎ r
  까오수워 시엔자이짜이날

- 주문 부탁합니다.
  Order, please.
  想预约(订)一下。
  xiǎng yù yuē dìng yí xià
  씨앙 위위에(딩)이쌰

- 맥주를 주시겠어요?
  Can I have a beer?
  请给我啤酒。
  qǐng gěi wǒ pí jiǔ
  칭께이워 피져우

- 이걸 주세요.
  I'll take it.
  请给我这个。
  qǐng gěi wǒ zhè gè
  칭께이워 저거

- 선물을 골라 주시겠어요?
  Could you choose a souvenir for me?
  能帮我选礼物吗?
  néng bāng wǒ xuǎn lǐ wù má
  넝방워 쉬엔리우마

워밍업 의뢰에 관한 표현

UNIT 11

Travel Chinese

허락에 관한 표현

한국과는 습관이나 매너, 제도가 다른 나라를 여행할 때, 이처럼 허락을 구하거나 가능성을 묻거나 하는 장면을 많이 부딪치게 됩니다. 可以(커이)~吗(마)?는 객관적인 조건으로서 '해도 지장이 없느냐?'를 묻는 것으로, 可不可以(커뿌커이)~라고 말해도 되지만, 후자의 경우는 吗를 붙이지 않습니다.

Q: 사진을 찍어도 됩니까?

May I take a picture here?

可以照相吗?
kě yǐ zhàoxiàng må

커이자오샹마

A: 예, 괜찮습니다.

Yes, you may.

可以。
kě yǐ

커이

□ 여기에 앉아도 됩니까?

May I sit here?

可以坐这儿吗?
kě yǐ zuò zhè r må

커이 쭤절마

□ 안으로 들어가도 되겠습니까?

May I come in?

可以到里面吗?
kě yǐ dào lǐ miàn må

커이 따오리미엔마

☐ 여기서 담배를 피워도 됩니까?
　May I smoke here?
　可以在这里吸烟吗?
　kě yǐ zài zhè lǐ xī yān má
　커이 짜이저리시옌마

☐ 창문을 열어도 되겠습니까?
　May I open the window?
　可以打开窗户吗?
　kě yǐ dǎ kāi chuāng hù má
　커이 따카이추앙후마

☐ 잠깐 여쭤도 될까요?
　May I ask you something?
　可以打听一下吗?
　kě yǐ dǎ tīng yí xià má
　커이 따팅이샤마

☐ 방을 봐도 되겠습니까?
　Can I see the room?
　可以看一下房间吗?
　kě yǐ kàn yí xià fáng jiān má
　커이 칸이샤팡지엔마

☐ 이것을 가져가도 됩니까?
　Can I take this?
　可以拿走这个吗?
　kě yǐ ná zǒu zhè gè má
　커이 나저우저거마

☐ 카드로 지불해도 됩니까?
　Can I pay in credit card?
　可以用卡支付吗?
　kě yǐ yòng kǎ zhī fù má
　커이 융카즈푸마

☐ 현금으로 지불해도 됩니까?
　Can I pay in cash?
　可以付现金吗?
　kě yǐ fù xiàn jīn má
　커이 푸시엔진마

워밍업 허락에 관한 표현

UNIT 12

긴급상황시의 표현

여행지에서 곤란한 상황에 부딪치거나 하면 우선 옆에 있는 사람들에게 곤란한 상황을 전하도록 합시다. 그러면 해결의 실마리를 찾을 수 있을 겁니다.
여기에 적힌 회화 예문은 가장 필요한 것만을 모은 것으로, 가능하면 모두 암기해서 여행을 떠나도록 합시다.

Q: 급합니다.
I'm in a hurry.
很着急。
hěn zháo jí
헌자오지

A: 최선을 다하겠습니다.
I'll do my best.
会尽力的。
huì jìn lì de
후이진리더

☐ 긴급사태입니다.
I have an emergency.
是紧急情况。
shì jǐn jí qíngkuàng
스 진지칭쿠앙

☐ 도와줘요(살려줘요)!
Help! / Help me!
救命啊!
jiù ming ā
져우밍아

- 그만둬요!
  Stop it!

  好了，算了。
  hǎo le   suàn le
  하오러   수안러

- 도둑이야, 서!
  Stop, thief!

  小偷，站住!
  xiǎo tōu   zhàn zhù
  샤오터우   잔주

- 저놈 잡아라!
  Get him!

  抓住他!
  zhuā zhù tā
  주아주 타

- 경찰을 불러요!
  Call the police!

  叫警察!
  jiào jǐng chá
  쟈오 징차

- 움직이지 마!
  Hold it!

  别动!
  bié dòng
  삐에뚱

- 손들어!
  Hands up!

  举起手!
  jǔ qǐ shǒu
  쥐치셔우

- 길을 잃었어요.
  I'm lost.

  我迷路了。
  wǒ mí lù le
  워 미루러

사물·장소·방향을 나타내는 말

이것 / 그것	这个(zhège) [저거]
저것	那个(nàge) [나거]
어느 것	哪个(nǎge) [나거]
여기 / 거기	这里(zhèlǐ) [저리]
저기	那里(nàli) [나리]
어디	哪里(nǎlǐ) [나리]
이쪽 / 그쪽	这边(zhèbiān) [저삐엔]
저쪽	那边(nàbiān) [나삐엔]
어느 쪽	哪边(nǎbiān) [나삐엔]

사람을 가리킬 말

저, 나	我(wǒ) [워]
우리들	我们(wǒmen) [워먼]
당신	你(nǐ) [니] 您(nín) [닌]
당신들	你们(nǐmen) [니먼]
씨,	先生(xiānsheng) [시엔성]
양	小姐(xiǎojiě) [샤오지에]
그, 그이	他(tā) [타]
그녀	她(tā) [타]

주로 쓰이는 의문사

언제	什么时候(shénmeshíhòu) [선머스허우]
어디	什么地方(shénmedìfāng) [선머띠팡]
어느 분	什么人(shénmerén) [선머런]
누구	谁(shéi) [쉐이]
무엇	什么(shénme) [선머]
왜	为什么(wèishénme) [웨이선머]
어떻게	怎么(zěnme) [쩐머]
	怎么样(zěnmeyàng) [쩐머양]

방향을 나타내는 단어

위	上(shàng) [샹]
가운데	中(zhōng) [쫑]
아래	下(xià) [샤]
왼쪽	左边(zuǒbiān) [쭤삐엔]
오른쪽	右边(yòubiān) [여우삐엔]
동쪽	东边(dōngbiān) [똥삐엔]
서쪽	西边(儿)(xībiān(r)) [시삐엔ㄹ]
남쪽	南边(nánbiān) [난삐엔]
북쪽	北边(běibiān) [베이삐엔]
앞	前边(qiánbiān) [치엔삐엔]
뒤	后边(hòubiān) [허우삐엔]
옆·가로	旁边(pángbiān) [팡삐엔]
~부터 ~까지	从(cóng)~[총~] 到(dào)~[따오~]

시간·때를 나타내는 말

시간	时间(shíjiān) [스지엔]
때, 시	时候(shíhòu) [스허우]
시각	时刻(shíkè) [스커]
틈, 여가	工夫(gōngfū) [꽁푸]
현재	现在(xiànzài) [시엔자이]
과거	过去(guòqù) [꿔취]
미래	未来(wèilái) [웨이라이]
이전	以前(yǐqián) [이치엔]
이후	以后(yǐhòu) [이허우]
그후, 이후	后来(hòulái) [허우라이]
최근	最近(zuìjìn) [쭈이진]
최초	最初(zuìchū) [쭈이추]
최후	最后(zuìhòu) [쭈이허우]
세기	世纪(shìjì) [스지]
년, 해	年(nián) [니엔]
재작년	前年(qiánnián) [치엔니엔]
작년	去年(qùnián) [취니엔]
올해, 금년	今年(jīnnián) [진니엔]
내년	明年(míngnián) [밍니엔]

내후년	**后年**(hòunián)	[허우니엔]
매년	**每年**(měinián)	[메이니엔]
신년, 새해	**新年**(xīnnián)	[신니엔]
월, 달	月(yuè)	[위에]
지난달	**上个月**(shànggeyuè)	[상거위에]
이번달	**这个月**(zhègeyuè)	[저거위에]
다음달	**下个月**(xiàgeyuè)	[샤거위에]
매달, 매월	**每月**(měiyuè)	[메이위에]
주간	**星期**(xīngqī)	[싱치]
주말	**周末**(zhōumò)	[조우머]
지난주	**上个星期**(shànggexīngqī)	[상거싱치]
이번주	**这个星期**(zhègexīngqī)	[저거싱치]
다음주	**下个星期**(xiàgexīngqī)	[샤거싱치]
매주	**每星期**(měixīngqī)	[메이싱치]
일	日(rì)	[르]
날, 날짜	日子(rìzi)	[르쯔]
그제	前天(qiántiān)	[치엔티엔]
어제	昨天(zuótiān)	[쭤티엔]
오늘	今天(jīntiān)	[진티엔]
내일	明天(míngtiān)	[밍티엔]
모레	后天(hòutiān)	[허우티엔]
매일	天天(tiāntiān)[티엔티엔] 每天(měitiān)[메이티엔]	
다음날	第二天(dìèrtiān)	[디얼티엔]
온종일	整天(zhěngtiān)	[정티엔]
반나절	半天(bàntiān)	[빤티엔]
새벽	天亮(tiānliàng)	[티엔리앙]
아침	早上(zǎoshàng)	[자오상]
낮	白天(báitiān)	[빠이티엔]
오전	上午(shàngwǔ)	[상우]
정오	中午(zhōngwǔ)	[종우]
오후	下午(xiàwǔ)	[샤우]
저녁	晚上(wǎnshàng)	[완상]
밤	夜(yè)	[예]
한밤중	半夜(bànyè)	[빤예]

숫자 읽기

0. 영	零(líng) [링]
1. 일	一(yī) [이]
2. 이	二(èr) [얼] 两(liǎng) [리앙]
3. 삼	三(sān) [싼]
4. 사	四(sì) [쓰]
5. 오	五(wǔ) [우]
6. 육	六(liù) [리우]
7. 칠	七(qī) [치]
8. 팔	八(bā) [빠]
9. 구	九(jiǔ) [져우]
10. 십	十(shí) [스]
20. 이십	二十(èrshí) [얼스]
30. 삼십	三十(sānshí) [싼스]
40. 사십	四十(sìshí) [쓰스]
50. 오십	五十(wǔshí) [우스]
60. 육십	六十(liùshí) [리우스]
70. 칠십	七十(qīshí) [치스]
80. 팔십	八十(bāshí) [빠스]
90. 구십	九十(jiǔshí) [져우스]
100. 백	一百(yībǎi) [이빠이]
200. 이백	二百(èrbǎi) [얼빠이]
300. 삼백	三百(sānbǎi) [싼빠이]
400. 사백	四百(sìbǎi) [쓰빠이]
500. 오백	五百(wǔbǎi) [우빠이]
600. 육백	六百(liùbǎi) [리우빠이]
700. 칠백	七百(qībǎi) [치빠이]
800. 팔백	八百(bābǎi) [빠빠이]
900. 구백	九百(jiǔbǎi) [져우빠이]
1,000. 천	一千(yīqiān) [이치엔]
1,010. 천십	一千一十(yīqiānyīshì) [이치엔이스]
10,000. 만	一万(yīwàn) [이완]
100,000. 십만	十万(shíwàn) [스완]
1,000,000. 백만	一百万(yībǎiwàn) [이빠이완]

손가락에 의한 숫자 표현

1에서 5까지는 우리와 동일하지만, 6 이상에서는 약간 다릅니다. 8은 한자의 八의 모양을 본뜬 것입니다. 10은 두 가지 방법이 있는데, ❷는 가로지르는 것으로 한자의 十을 표현한 것입니다.

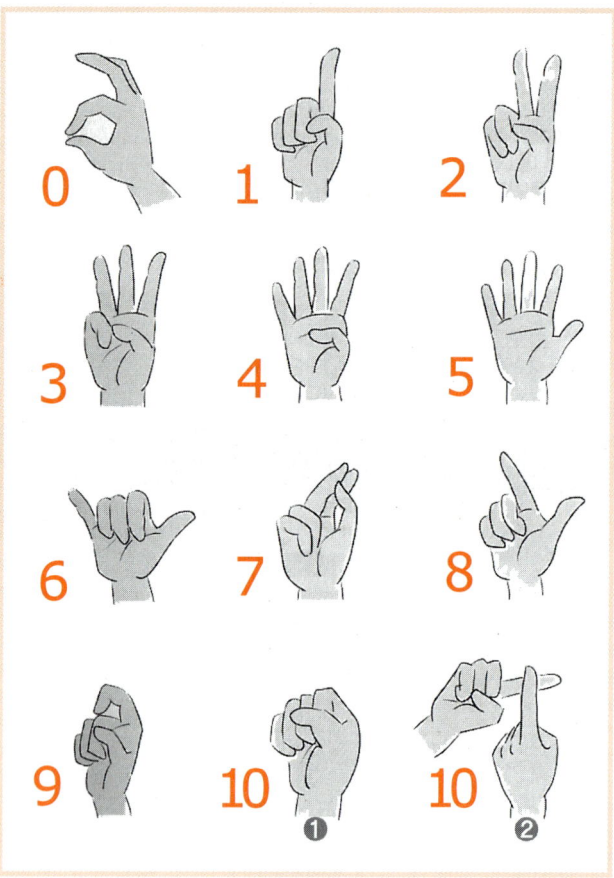

PART 2

출입국

기내에서
입국심사
세관검사
공항에서
시내로 이동

출입국에 관한 정보

✈ 출입국 절차

① 인천국제공항 도착 - 비행기 출발시간 2시간 전에는 공항에 도착하는 것이 좋다.
② 출입국카드를 작성한다.
③ 대한항공이나 아시아나항공의 회원카드를 만든다.
④ 비행기표, 여권과 항공사 회원카드를 가지고 티켓팅과 화물운송을 마친다.
⑤ 군미필자는 공항병무처리소에 가셔서 신고를 한다.
⑥ 인민폐는 200~300원 정도만 바꾸고 나머지는 모두 달러로 환전 한다.
⑦ 출국장으로 가서 여권수속과 세관을 통과한다.
⑧ 여권수속과 세관을 모두 통과하고 나면 면세점이 보인다. 시간이 많이 남아 있다면 면세점에서 필요한 물품을 구입한다.(담배나 중국에 가져갈 선물 등)
⑨ 해당 탑승출입구로 가서 비행기에 탑승하면 된다.
⑩ 비행기에 오르시면 승무원이 중국입국카드와 검역카드를 나누어 주므로 기록한다.
⑪ 한국과 중국의 시차는 1시간이다. 비행기에 오르면 시계를 중국시간으로 맞춘다. 만일 한국시간으로 오전 11시라면 중국시간으로는 오전 10시가 된다.
⑫ 중국 공항에 도착 후 입국 심사장으로 가서 입국 심사를 받는다. 자기 순서가 되면 준비한 여권과 비행기 안에서 작성한 입국신고서 등을 담당공안(경찰)에게 제출한다.
⑬ 입국 심사가 끝나면 자신이 타고 온 비행기 편명이 적혀 있는 곳으로 가서 짐을 찾으시면 된다.
⑭ 짐을 찾고 출구를 빠져 나오면 공항안내소에 가서 시내로 이동하는 교통편을 확인한다.

중국으로 입국하기

중국 공항에서의 입국 절차는 대체로 간단한 편이다. 그리고 입국 절차시 필요한 서류는 중국으로 가는 비행기 안에서 승무원이 나누어 주는데, 이 때 작성하면 된다.

◇ 입국심사
  영문 또는 중문으로 작성한 입국신고서를 여권과 함께 작성한다.
◇ 검   역
  입국심사를 할 때 행하는데, 최근에 전염병이 발생한 지역을 여행하는 경우가 아니라면 특별한 예방접종증명 등은 필요 없다.
◇ 짐 찾 기
  입국심사가 끝나면 짐 찾는 곳(行李领取处)으로 가서 탁송한 짐을 찾는다.
◇ 세   관
  미리 작성한 세관신고서를 제출하는데, 작성할 때 카메라, 녹음기 등 개인사용 목적의 전자제품은 반드시 명시하고, 특히 세관신고서의 사본은 잘 보관해야 한다. 출국수속을 할 때 신고서에 명시되지 않았는데 추가되었거나, 없어진 물건이 있다는 사실이 세관원에게 적발될 경우에는 관세를 물어야 하기 때문이다.

중국 입국시 면세허용 범위

◇ 담 배 류
  6개월 미만 체류일 경우 20갑, 6개월 이상 체제일 경우 30갑
◇ 알코올류
  6개월 미만의 체류일 경우 2병, 6개월 이상의 체류일 경우 4병
◇ 전자제품
  카메라, 무비카메라, 라디오, 시계, VTR 등. 단 출국할 때 가지고 나온다는 조건에 한한다.
◇ 반입 금지품
  무기, 탄약, 중국 정부에 반하는 인쇄물, 포르노 물품, 무선송신기, 마약, 검역 받지 않은 동식물 등이 있다.

UNIT 01

기내에서

출국심사를 마치고 비행기에 탑승하면 이제 한국 땅을 떠나게 됩니다. 국제선의 기내는 그 항공사가 소속하는 나라의 영토 취급을 합니다.
한국 출발의 항공회사(airline / carrier)의 편(flight)에는 대개 한국인 승무원이 탑승하고 있어서 말이 통하지 않아 큰 불편은 없습니다.

_____ 을(를) 주세요.

_____ please.

请给我 _____ 。
qǐng gěi wǒ

칭께이워

☐ 커피	coffee	咖啡(kāfēi)	카페이
☐ 홍차	tea	红茶(hóngchá)	홍차
☐ 오렌지주스	orange juice	橙汁(chéngzhī)	청쯔
☐ 맥주	a beer	啤酒(píjiǔ)	피져우

Q : (항공권을 보이며) 제 좌석은 어디인가요?

Where's my seat?

我的座位在哪儿?
wǒ de zuò wèi zài nǎ r

워더쮜웨이 짜이날

A : 이쪽 통로입니다.

In this aisle.

往这边走。
wǎng zhè biān zǒu

왕저삐엔저우

✈ 좌석을 찾을 때

□ (탑승권을 보이며) 12B 좌석은 어디입니까?
Where is seat 12(twelve) B?

B12座在哪儿?
zuò zài nǎ r
비스얼쭤 짜이날

□ 여기는 제 자리인데요.
I think this is my seat.

这是我的坐位。
zhè shì wǒ de zuò wèi
저스 워더쭤웨이

□ 여기에 앉아도 되겠습니까?
Can I here?

可以坐这儿吗?
kě yǐ zuò zhè r má
커이 쭤절마

□ (옆 사람에게) 자리를 바꿔 주시겠습니까?
Could I change seats?

能给我换一下位置吗?
néng gěi wǒ huàn yí xià wèi zhì má
넝께이워 후안이샤웨이즈마

□ 저기 빈자리로 옮겨도 되겠습니까?
Could I move to an empty seat over there?

能到那个空位置吗?
néng dào nà ge kōng wèi zhì má
넝따오 나거콩웨이즈마

□ 잠깐 지나가도 될까요?
May I go through?

能过一下吗?
néng guò yí xià má
넝꿔 이샤마

출·입국 기내에서

✈ 기내 서비스를 받을 때

- **음료는 뭐가 좋겠습니까?**
  What would you like to drink?

  需要什么饮料?
  xū yào shén me yīn liào

  쉬야오 선머인랴오

- **어떤 음료가 있습니까?**
  What kind of drinks do you have?

  有什么饮料?
  yǒu shén me yīn liào

  여우 선머인랴오

- **콜라는 있습니까?**
  Do you have coke?

  有可乐吗?
  yǒu kě lè má

  여우 커러마

- **맥주를 주시겠습니까?**
  Can I have a beer?

  请给我啤酒。
  qǐng gěi wǒ pí jiǔ

  칭께이워 피져우

- **베개와 모포를 주세요.**
  May I have a pillow and a blanket, please.

  请给我枕头和毛毯。
  qǐng gěi wǒ zhěn tóu hé máo tǎn

  칭께이워 전터우 허마오탄

- **한국어 신문(잡지)은 있습니까?**
  Do you have any Korean newspapers(magazines)?

  有韩国报纸(杂志)吗?
  yǒu hán guó bào zhǐ zá zhì má

  여우 한궈빠오즈(짜즈)마

- 소고기와 닭고기가 있는데, 어느 것으로 하시겠습니다.
  Would you like beef or chicken?

  有牛肉和鸡肉，需要什么?
  yǒu niú ròu hé jī ròu　　xū yào shén me
  여우니우러우 허지러우　쉬야오 선머

- 소고기로 주세요.
  Beef, please.

  请给我牛肉。
  qǐng gěi wǒ niú ròu
  칭께이워 니우러우

- 식사는 다 하셨습니까?
  Are you through with your meal?

  用完餐了吗?
  yòng wán cān le má
  융완 찬러마

✈ 면세품 구입과 몸이 불편할 때

- 기내에서 면세품을 판매합니까?
  Do you sell tax-free goods on the flight?

  机内卖免税品吗?
  jī nèi mài miǎn shuì pǐn má
  지네이 마이 미엔수이핀마

- 어떤 담배가 있습니까?
  What cigarettes do you have?

  有什么烟?
  yǒu shén me yān
  여우 선머옌

- (면세품 사진을 가리키며) 이것은 있습니까?
  Do you have this?

  有这个吗?
  yǒu zhè gè má
  여우 저거마

출입국 기내에서

☐ 한국 돈은 받습니까?
Do you accept Korean won?

收韩币吗?
shōu hán bì má
셔우 한삐마

☐ 비행기 멀미약은 있습니까?
Do you have medicine for air-sickness?

有晕机药吗?
yǒu yūn jī yào má
여우 윈지야오마

☐ 좀 몸이 불편합니다. 약을 주시겠어요?
I feel a little sick. Can I have some medicine?

身体有点不舒服, 能给我药吗?
shēn tǐ yǒu diǎn bù shū fú　néng gěi wǒ yào má
선티 여우띠엔 뿌수푸　넝게이워 야오마

✈ 궁금한 사항을 물을 때

☐ 비행은 예정대로입니까?
Is this flight on schedule?

飞行情况, 是按预定的吗?
fēi xíngqíngkuàng　shì àn yù dìng de má
페이씽칭쿠앙　스 안위딩더마

☐ 현지시간으로 지금 몇 시입니까?
What is the local time?

当地时间, 现在几点?
dāng dì shí jiān　xiàn zài jǐ diǎn
땅디스지엔　시엔짜이 지띠엔

☐ 이 서류 작성법을 가르쳐 주시겠어요?
Could you tell me how to fill in this form?

能告诉我这个文件怎么做吗?
néng gào su wǒ zhè ge wén jiàn zěn me zuò má
넝까오수워 저거원지엔 쩐머쭤마

✈ 환승할 때

□ 환승 시간에 늦지 않을지 걱정입니다.
I'm anxious about my connecting flight.

我很担心换乘时间会不会迟到。
wǒ hěn dān xīn huànchéng shí jiān huì bù huì chí dào
워헌딴신 후안청스지엔 후이뿌후이 츠따오

□ 이 공항에서 어느 정도 머뭅니까?
How long will we stop here?

在这个机场停留多长时间?
zài zhè gè jī chǎng tíng liú duō cháng shí jiān
짜이저거지창 팅리우뚸창스지엔

□ 환승 카운터는 어디입니까?
Where's the transfer counter?

换乘的地方在哪儿?
huànchéng de dì fāng zài nǎ r
후안청더디팡 짜이날

□ 환승수속은 어디서 하면 됩니까?
Where do I check in?

换乘手续在哪儿办?
huànchéng shǒu xù zài nǎ r bàn
후안청셔우쒸 짜이날빤

□ 환승시간까지 얼마나 남았습니까?
How long is the layover?

离换乘时间还有多少?
lí huànchéng shí jiān hái yǒu duō shǎo
리후안청스지엔 하이여우뚸사오

□ 환승은 몇 시부터입니까?
When do we board?

从几点开始换乘?
cóng jǐ diǎn kāi shǐ huànchéng
총지띠엔카이스 후안청

출입국 기내에서

✈ 페리(선박)을 이용할 때

☐ (승선권을 보이며) 제 선실은 어딘가요?
Where is my cabin?

我的客舱在哪里?
wǒ de kè cāng zài nǎ lǐ
워더커창 짜이나리

☐ 천진에는 언제 도착합니까?
When can we get to Tianjin?

几点到天津?
jǐ diǎn dào tiān jīn
지띠엔따오 티엔진

☐ 어느 것이 제 침구입니까?
Which one is my bedclothes?

哪些是我的卧具?
nǎ xiē shì wǒ de wò jù
나시에스 워더워쥐

☐ 매점은 어디에 있습니까?
Where can I buy something?

小卖部在哪里?
xiǎo mài bù zài nǎ lǐ
샤오마이부 짜이나리

☐ 식당은 있습니까?
Do you have a cafeteria?

有餐厅吗?
yǒu cān tīng mǎ
여우 찬팅마

☐ 상하이까지 몇 시간 걸립니까?
How long does it take to Shanghai?

到上海要几个小时?
dào shàng hǎi yào jǐ gè xiǎo shí
따오상하이 야오지거샤오스

- 파도는 거칩니까?
  Are the waves running high?

  浪大吗?
  làng dà má
  랑따마

- 날씨는 좋습니까?
  Is the climate good?

  天气好吗?
  tiān qì hǎo má
  티엔치하오마

- 뱃멀미를 하는데요.
  I'm seasick.

  我晕船了。
  wǒ yūn chuán le
  워 윈추안러

- (뱃멀미로) 토할 것 같습니다.
  I'm going throw up.

  想吐。
  xiǎng tǔ
  시앙투

- 의무실로 데리고 가 주십시오.
  Please take me to the medical room.

  请带我去医务室。
  qǐng dài wǒ qù yī wù shì
  칭따이워 취이우스

- 화장실은 어디에 있습니까?
  Where is the rest room?

  厕所在哪里?
  cè suǒ zài nǎ lǐ
  처숴 짜이나리

	기내에서 볼 수 있는 게시판	
禁止吸烟	NO SMOKING	금연
系好安全带	FASTEN SEAT BELT	안전벨트 착용
厕所使用中	OCCUPIED	화장실 사용중
厕所没人使用	VACANT	비어 있음
紧急出口	EMERGENCY	비상구
叫出键	CALL BUTTON	호출버튼
垃圾筒	TOWEL DISPOSAL	쓰레기통

입국신고서

씨명	Name	姓名
성	Family name	姓
이름	Given name	名字
국적	Nationality	国籍
생년월일	Day, Month, Year	出生日期
남, 여	Male, Female	性别
현주소	Home address	现在地址
직업	Occupation	职业
중국의 연락처	Address in China	中国连络处
여권번호	Passport No.	护照号码
항공기 편명 / 선명	Flight No. / Vessel	航班号 / 船次
탑승지	Fort of Embarkation	出发地
여행목적	Purpose of visit	旅行目的
서명	Signature	签名
중국체류예정기간	Entered Length of stay in China	在中国停留时间

UNIT
02

Travel Chinese

입국심사

外国人이라고 표시한 곳에 줄을 서서 여권과 출입국신고서를 제출하면 입국심사에서는 여권·비자의 유효기간을 검사하고 입국목적, 체류기간 등을 묻습니다. 미리 출입국 신고서에 방문목적, 체류기간, 묵을 곳의 주소, 이름, 전화 등을 정확히 기재하면 별도의 질문을 받지 않아도 됩니다.

[
약 _____ 입니다.
For _____ .
是 _____ 。
shì
스
]

- □ 1주일   one week   一周 (yìzhōu)   이쩌우
- □ 10일   ten days   十天 (shítiān)   스티엔
- □ 15일   fifteen days   十五天 (shíwǔtiān)   스우티엔
- □ 1개월   one month   一个月 (yígeyuè)   이거위에

Q : 여권을 보여 주시겠어요?

May I see your passport?

请出示一下您的护照。
qǐng chū shì yí xià nín de hù zhào

칭추스이샤 닌더후자오

A : 여기 있습니다.

Here it is.

在这儿。
zài zhè r

짜이절

72

방문목적을 물을 때

☐ 입국 목적은 무엇입니까?
What's the purpose of your visit?

入国的目的是什么?
rù guó dè mù dì shì shén mè
루궈더무디스 선머

☐ 관광입니다.
Sightseeing.

是观光。
shì guānguāng
스꽌구앙

☐ 사업입니다.
Business.

是公事。
shì gōng shì
스꽁스

☐ 유학입니다.
Studying abroad.

是留学。
shì liú xué
스리우쉬에

체재 장소와 일정을 물을 때

☐ 얼마나 체재하십니까?
How long are you staying?

滞留多长时间?
zhì liú duōcháng shí jiān
즈리우 뚸창스지엔

☐ 1주일 체재합니다.
I'm staying for a week.

滞留一周。
zhì liú yì zhōu
즈리우 이저우

출입국 / 입국심사

❏ 어디에 머무십니까?
Where are you staying?

在哪滞留?
zài nǎ zhì liú
짜이나 즈리우

❏ ○○호텔에 머뭅니다.
I'll stay at the ○○Hotel.

在○○宾馆滞留。
zài   bīn guǎn zhì liú
짜이○○삔관 즈리우

❏ (메모를 보이며) 숙박처는 이 호텔입니다.
I'll stay at this Hotel.

我会住在这个酒店。
wǒ huì zhù zài zhè gè jiǔ diàn
워후이주짜이 저거져우띠엔

❏ (호텔은) 아직 정하지 않았습니다.
I don't know which one.

还没有决定。
hái méi yǒu jué dìng
하이메이여우 쥐에띵

❏ (호텔은) 단체여행이라서 모릅니다.
I'm not sure, because I'm a member of group tour.

因为是集体旅行，所以不清楚。
yīn wéi shì jí tǐ lǚ xíng   suǒ yǐ bù qīng chǔ
인웨이스 지티뤼싱   쉬이 뿌칭추

✈ 기타 질문 사항

❏ 돌아가는 항공권은 가지고 계십니까?
Do you have a return ticket?

回去时候的机票在手里吗?
huí qù shí hòu dè jī piào zài shǒu lǐ má
후이취스허우더지퍄오 짜이셔우리마

- 네, 가지고 있습니다.
  Yes, it's right here.

  是，在手里。
  shì   zài shǒu lǐ
  스   짜이셔우리

- 현금은 얼마나 가지고 있습니까?
  How much cash do you have with you?

  有多少现金?
  yǒu duōshǎoxiàn jīn
  여우뚸사오 시엔진

- 800위안 정도입니다.
  I have about yuan 800.

  八百元左右。
  bā bǎi yuán zuǒ yòu
  빠바이위엔 쭤여우

- 이 나라는 처음입니까?
  Is this your first visit(here)?

  这个国家第一次来吗?
  zhè gè guó jiā dì yí cì lái má
  저거꿔쟈 디이츠라이마

- 네, 처음입니다.
  Yes, it is.

  是，第一次来。
  shì   dì yí cì lái
  스   디이츠라이

- 됐습니다.
  Good.

  可以了。
  kě yǐ le
  커이러

출입국 / 입국심사

UNIT 03

세관검사

입국심사가 끝나면 턴테이블이 있는 곳으로 가서 자신이 타고 온 항공사와 편명이 표시된 턴테이블로 짐이 나오므로 그 주위에서 기다렸다 찾으면 됩니다. 짐을 찾으면 税关의 표시를 따라 세관으로 가서 여권과 세관신고서를 담당에게 보여 주고 통과를 기다리면 됩니다.

[
이것은 _____ 입니다.

This is _____

这是 _____
zhè shì

저스
]

- 선물　　gift　　　　　　　　　　　**礼物**(lǐwù)　　　　　　　리우
- 일용품　for my personal use　　**日用品**(rìyòngpǐn)　　　르용핀
- 라면　　ramyon　　　　　　　　　**快速面**(kuàisùmiàn)　　콰이쑤미엔
- 약　　　medicine　　　　　　　　**药**(yào)　　　　　　　　　야오

Q: 신고할 것이 있습니까?

Do you have anything to declare?

有要申报的吗?
yǒu yào shēn bào de ma

여우야오 선빠오더마

A: 없습니다.

No, I don't.

没有。
méi yǒu

메이여우

✈ 짐을 찾을 때

☐ 짐은 어디서 찾습니까?
Where can I get my baggage?

行李到哪取?
xíng li dào nǎ qǔ

싱리 따오나 취

☐ 이건 714편 턴테이블입니까?
Is this baggage conveyer for flight 714?

这个行李转动机是714号班机。
zhè gè xíng li zhuǎndòng jī shì   hào bān jī

저거싱리 주안동지스 치이쓰하오 빤지

☐ 714편 짐은 나왔습니까?
Has baggage from flight 714.

714号行李出来了吗?
hào xíng li chū lái le mǎ

치이쓰하오싱리 추라이러마

☐ 제 짐이 보이지 않습니다.
I can't find my baggage.

怎么找不到我的行李?
zěn me zhǎo bù dào wǒ de xíng li

쩐머 자오뿌따오 워더싱리

☐ 이게 수화물인환증입니다.
Here is my claim tag.

这是行李单。
zhè shì xíng li dān

저쓰 싱리단

☐ 당장 보상해 주세요.
Pay for me right now?

请立刻赔偿我。
qǐng lì kè péi cháng wǒ

칭리커 페이창 워

출입국 세관검사

✈ 세관검사를 받을 때

□ 여권과 신고서를 보여 주십시오.
Your passport and declaration card, please.

请出示申请书和护照。
qǐng chū shì shēnqǐng shū hé hù zhào
칭추스 선칭수 허후자오

□ 세관신고서는 가지고 계십니까?
Do you have your customs declaration form?

税关申请书在手里吗?
shuìguānshēnqǐng shū zài shǒu lǐ má
수이꽌선칭수 짜이셔우리마

□ 신고서는 가지고 있지 않습니다.
I don't have a declaration card.

申请书不在手里。
shēnqǐng shū bú zài shǒu lǐ
선칭수 뿌자이셔우리

□ 신고할 것은 있습니까?
Do you have anything to declare?

有什么要申请的吗?
yǒu shén me yào shēnqǐng de má
여우선머 야오선칭더마

□ 일용품뿐입니다.
I only have personal belongings.

就只有日用品。
jiù zhǐ yǒu rì yòng pǐn
저우즈여우 르융핀

□ 이 가방을 열어 주십시오.
Please open this bag.

请打开这个包。
qǐng dǎ kāi zhè gè bāo
칭따카이 저거빠오

□ 내용물은 무엇입니까?
What's in it?

里面有什么?
lǐ miàn yǒu shén me
리미엔 여우선머

□ 이건 뭡니까?
What's this?

这是什么?
zhè shì shén me
저스 선머

□ 친구에게 줄 선물입니다.
Gifts for my friends.

给朋友的礼物。
gěi péng yǒu de lǐ wù
께이 펑여우더 리우

□ 다른 짐은 있나요?
Do you have any other baggage?

有其他的行李吗?
yǒu qí tā de xíng lǐ ma
여우 치타더 싱리마

□ 이건 과세 대상이 됩니다.
You have to pay duty on it.

这个东西需要交税。
zhè gè dōng xi xū yào jiāo shuì
저거똥씨 쉬야오 쟈오수이

□ 과세액은 얼마입니까?
How much is the duty?

税额是多少?
shuì è shì duō shǎo
수이어스 뚸사오

UNIT 04

Travel Chinese

공항에서

공항 로비의 안내소에는 무료 지도, 관광 가이드나 호텔 가이드 등의 팸플릿이 준비되어 있습니다. 시내의 교통수단, 호텔이 위치한 장소나 택시 요금 등 필요한 정보를 모으도록 합시다. 대형 공항에서는 호텔 예약, 렌터카 등의 별도의 부스가 있기도 합니다.

[
_____ 은(는) 어디에 있습니까?

Where is the _____?

在哪里?
zài nǎ lǐ

짜이나리
]

- □ 안내소   Information   介绍所(jièshàosuǒ)   지에사오쒀
- □ 환전   exchange   换钱处(huànqiánchù)   후안치엔추
- □ 화장실   rest room   洗手间(xǐshǒujiān)   씨셔우지엔
- □ 택시승강장   taxi stand   出租车乘车处(chūzūchēchéngchēchù)   추쭈처청처추

Q : 어디에서 환전을 합니까?

Where can I exchange money?

在哪换钱?
zài nǎ huànqián

짜이나 후안치엔

A : 「환전」이라고 써진 곳으로 가십시오.

Go to "Currency Exchange."

请到写着"换钱"的地方去。
qǐng dào xiě zhuó huànqián de dì fāng qù

칭따오 시에주오 "후안치엔"더 디팡취

환전을 할 때

☐ 이걸 환전해 주시겠어요?
Could you exchange this?

请帮我换一下这些钱。
qǐng bāng wǒ huàn yí xià zhè xiē qián
칭빵워 후안이샤 저시에치엔

☐ 여행자수표를 현금으로 바꿔 주세요.
Please cash these traveler's checks.

请把旅行者支票换成现金。
qǐng bǎ lǚ xíng zhě zhī piào huàn chéng xiàn jīn
칭바 뤼씽저즈퍄오 후안청 시엔진

☐ 잔돈도 섞어 주세요.
I'd like some small change.

零钱也换一些。
líng qián yě huàn yì xiē
링치엔예 후안이시에

☐ 계산이 틀린 것 같은데요.
I think the amount is incorrect.

计算好象出现错误了。
jì suàn hǎo xiàng chū xiàn cuò wù le
지쑤안 하오샹 추시엔춰우러

☐ 수수료는 얼마입니까?
How much is your commission?

手续费是多少?
shǒu xù fèi shì duō shǎo
셔우쉬페이스 뚸사오

☐ 계산서를 주시겠어요?
May I have a receipt?

请给我账单。
qǐng gěi wǒ zhàng dān
칭께이워 장딴

출입국 / 공항에서

✈ 관광안내소에서

☐ **관광안내소는 어디에 있습니까?**
　Where is the tourist information center?

　观光介绍所在哪儿?
　guānguāng jiè shào suǒ zài nǎ r
　꾸안구앙지에사오쒀 짜이날

☐ **시가지도와 관광 팸플릿을 주시겠어요?**
　Can I have a city map and tourist brochure?

　请给我城市地图和简介。
　qǐng gěi wǒ chéng shì dì tú hé jiǎn jiè
　칭께이워 청스디투 허지엔지에

☐ **매표소는 어디에 있습니까?**
　Where is the ticket office?

　售票处在哪里?
　shòu piào chù zài nǎ lǐ
　셔우퍄오추 짜이나리

☐ **호텔 리스트는 있습니까?**
　Do you have a hotel list?

　有宾馆介绍吗?
　yǒu bīn guǎn jiè shào má
　여우삔꾸안 지에사오마

☐ **여기서 렌터카를 예약할 수 있습니까?**
　Can I reserve rental car here?

　在这里可以借到车吗?
　zài zhè lǐ kě yǐ jiè dào chē má
　짜이저리 커이 지에따오처마

☐ **출구는 어디입니까?**
　Where is the exit?

　出口在哪里?
　chū kǒu zài nǎ lǐ
　추커우 짜이나리

82

호텔을 찾을 때

☐ 여기서 호텔을 예약할 수 있습니까?
Can I reserve a hotel here?

在这里可以预约宾馆吗?
zài zhè lǐ kě yǐ yù yuē bīn guǎn mà
짜이저리 커이 위위에삔꾸안마

☐ 시내 호텔을 예약해 주시겠어요?
Could you reserve a hotel in the city?

请给我预约位于市中心的宾馆。
qǐng gěi wǒ yù yuē wèi yú shì zhōng xīn de bīn guǎn
칭게이워 위위에 웨이위 스쫑씬더삔꾸안

☐ 어떤 호텔을 찾으십니까?
What kind of hotel are you looking for?

需要什么样的宾馆?
xū yào shén me yàng de bīn guǎn
쉬야오 선머양더 삔꾸안

☐ 번화가에 가까운 호텔을 부탁합니다.
One near downtown.

请帮我找位于繁华地带的宾馆。
qǐng bāng wǒ zhǎo wèi yú fán huá dì dài de bīn guǎn
칭방워자오 웨이위 판후아디따이더 삔꾸안

☐ 역에서 가까운 호텔을 부탁합니다.
I'd like a hotel close to the station.

请帮我找离车站近的宾馆。
qǐng bāng wǒ zhǎo lí chē zhàn jìn de bīn guǎn
칭방워자오 리처잔 진더삔꾸안

☐ 그 호텔은 어디에 있습니까?
Where's the hotel?

那个宾馆在哪儿?
nà gè bīn guǎn zài nǎ r
나거삔꾸안 짜이날

출입국 공항에서

UNIT 05 시내로 이동

北京首都空港, 上海浦东空港, 大连周水子空港, 西岸咸阳空港 등은 시내에서 차로 20분에서 1시간 거리에 있습니다. 시내와 공항을 직접 연결하는 리무진 버스 이외에 노선버스, 택시(요금이 비싸므로 가급적 피하는 게 좋다) 등의 교통수단이 있는데 리무진버스가 가장 확실합니다.

[
_____ 까지 부탁합니다.

_____ , please.

到 _____ 。
dào

따오
]

□ ○○호텔	○○hotel	○○**宾馆**(bīnguǎn)	○○빈꾸안
□ 시내	downtown	**市内**(shìnèi)	스네이
□ ○○역	○○Station	○○**车站**(chēzhàn)	○○처잔
□ ○○박물관	○○museum	○○**博物馆**(bówùguǎn)	○○보우구안

Q : 어디서 택시를 탑니까?

Where can I get a taxi?

在哪儿坐出租车?
zài nǎ r zuò chū zū chē

짜이날쯀 쭈주처

A : 바로 앞쪽에 택시 승강장이 있습니다.

There's a taxi stand up ahead.

出租车乘车处就在前面。
chū zū chē chéng chē chù jiù zài qiánmiàn

추주처 청처추 져우짜이 치엔미엔

✈ 포터

□ 포터를 찾고 있습니다.
I'm looking for a porter.

正在找行李员。
zhèng zài zhǎoxíng lǐ yuán
정짜이자오 싱리위엔

□ 포터를 불러 주세요.
Please get me a porter.

请叫行李员。
qǐng jiào xíng lǐ yuán
칭쟈오 싱리위엔

□ 이 짐을 택시승강장까지 옮겨 주세요.
Please take this baggage to the taxi stand.

请把这行李运到出租车乘车处。
qǐng bǎ zhè xíng lǐ yùn dào chū zū chē chéng chē chù
칭바 저싱리 윈따오 추주처청처추

□ 이 짐을 버스정류소까지 옮겨 주세요.
Please take this baggage to the bus stop.

请把这行李运到公共汽车站。
qǐng bǎ zhè xíng lǐ yùn dào gōnggòng qì chē zhàn
칭빠 저싱리윈따오 꽁공치처잔

□ 카트는 어디에 있습니까?
Where are the baggage carts?

手推车在哪里?
shǒu tuī chē zài nǎ lǐ
셔우퇴이처 짜이나리

□ 고맙습니다. 얼마입니까?
Thank you. How much is it?

谢谢, 多少钱?
xiè xie duō shǎoqián
씨에씨에, 뚸사오치엔

출입국 / 시내로 이동

✈ 택시

☐ **택시 승강장은 어디입니까?**
Where is the taxi stand?

等出租车的地方在哪里?
děng chū zū chē de dì fāng zài nǎ lǐ
덩 추주처더띠팡 짜이나리

☐ **어디서 택시를 탑니까?**
Where can I get a taxi?

在哪儿坐出租车?
zài nǎ r zuò chū zū chē
짜이날쭤 추주처

☐ **어디까지 가십니까?**
Where are you going?

到哪里?
dào nǎ lǐ
따오나리

☐ **○○호텔로 가 주세요.**
To ○○Hotel, please.

到○○宾馆。
dào   bīn guǎn
따오 ○○삔꾸안

☐ **(주소를 보이며) 이리 가 주세요.**
Take me to this address, please.

请往这儿走。
qǐng wǎng zhè r zǒu
칭왕 절저우

☐ **짐을 트렁크에 넣어 주세요.**
Please put my baggage in the trunk.

请把行李放进后备箱。
qǐng bǎ xíng lǐ fàng jìn hòu bèi xiāng
칭바싱리 팡진 허우베이시앙

✈ 버스

❏ **시내로 가는 가장 빠른 교통수단은 무엇입니까?**
What's the fastest way to downtown?

到市里最快的方法是坐什么车?
dào shì lǐ zuì kuài de fāng fǎ shì zuò shén me chē
따오스리 쭈이콰이더팡파스 쭤선머처

❏ **시내로 가는 싼 교통수단은 무엇입니까?**
What's the cheapest way to downtown?

到市里便宜的方法是坐什么车?
dào shì lǐ pián yi de fāng fǎ shì zuò shén me chē
따오스리 피엔이더팡파스 쭤선머처

❏ **시내로 가는 버스는 있습니까?**
Is there a bus going downtown?

有到市里的车吗?
yǒu dào shì lǐ de chē má
여우따오 스리더처마

❏ **매표소는 어디입니까?**
Where is the ticket office?

售票处在哪儿?
shòupiào chù zài nǎ r
서우퍄오추 짜이날

❏ **시간은 어느 정도 걸립니까?**
How long does it take to get there?

得多长时间?
děi duō cháng shí jiān
데이 뛰창스지엔

❏ **도착하면 알려 주시겠어요?**
Could you tell me when we got there?

到了请告诉我一声。
dào le qǐng gào su wǒ yì shēng
따오러 칭까오쑤워 이성

출국 시내로 이동

공항에서 볼 수 있는 게시판

出发口	DEPARTURE GATE	출발입구
到站口	ARRIVAL GATE	도착입구
搭乘口	BOARDING GATE	탑승입구
搭乘中	NOW BOARDING	탑승수속 중
正点	ON TIME	정각에
延迟	DELAYED	지연
换乘飞机	CONNECTING FLIGHT	환승 비행기
待机	STAND BY	공석 대기
换钱	EXCHANGE/ MONEY EXCHANGE	환전소
国内航班	DOMESTIC	국내선

PART 3

숙박

호텔 예약
호텔 체크인
룸서비스
호텔시설 이용하기
호텔에서 전화 · 우편
호텔에서의 트러블
체크아웃

Travel Information

숙박에 관한 정보

✈ 중국 호텔의 급수와 서비스 및 시설

◇ 등급이 없는 곳 : 1성, 2성
시설은 TV, 에어컨(개인이 조절불가), 샤워, 화장실 등은 기본적으로 구비되어 있으나 급이 낮을수록 간혹 없는 경우도 있다. 역겨운 화장실 냄새와 문이 없는 화장실, 세면대 바닥에는 물이 넘쳐나는 등, 사용하기 불가능하다. 공동화장실이 아닌 개인화장실인 경우도 역시 마찬가지이다. 개인 방일 경우 마음에 안 들면 단호하게 말하여 바꾸어 달라고 요구를 하자. 뜨거운 물은 정해진 시간에만 나오므로 미리 시간을 잘 알아두어야 한다. 이 시간에 나오는 물은 매우 뜨겁고 어떤 때는 차가운 물이 나오지 않으므로 조심하여 사용해야 한다. 프런트와 식당은 대체로 있으나 서비스는 기대하지 않는 것이 좋다.

◇ 3성
TV, 중앙조절에어컨, 샤워, 화장실, 전화 등, 기본적인 호텔시설은 다되어 있다. 또한 뜨거운 물도 24시간 나온다. 프런트(24H), 레스토랑, 커피숍, 이용실, 미용실, 상점 등 일반적인 시설은 모두 되어 있다.

◇ 4성 및 5성
고급 호텔다운 정취가 있으며 우리나라의 호텔보다 좋은 곳이 많다. 일반적인 단체여행을 할 때 주로 이용하는 곳으로서 세계적인 호텔의 서비스를 기대할 수 있다. 가격은 100달러 이상이며 봉사료가 추가된다. 신용카드로 결제가 가능하다. 한국에서 여행사를 통해 예약을 하면 저렴하게 이용 할 수 있다.

✈ 숙박 요금

저렴한 호텔은 수십 원에서부터 최고급 호텔의 100달러 이상의 호텔들이 있다. 3성급 이상은 항상 봉사료가 10~20%의 추가요금이 붙는다.

방은 기본적으로 2인용 룸이다. 1인용 룸도 있지만 간혹 2인용 룸보다 높은 경우도 있다. 보통 조식이 포함되는 경우도 있지만 그렇지 않은 경우도 많으므로 조식이 포함되어 있는지 반드시 문의해야 한다. 일반적으로 본인이 직접 호텔에 가서 예약하는 것보다 여행사를 통해 예약을 하고 가면 많게는 50%까지 저렴하다.

✈ 좋은 호텔을 선정하는 방법

그 지방에 도착하면 먼저 지도를 구입한다. 지도에 기재되어 있는 호텔은 비교적 좋은 호텔이다. XX HOTEL이라고 적혀 있는 곳은 주로 2성급 이상이다. 문 앞에 도어맨이 있는 경우는 3성급 이상이며, 이런 호텔을 발견하면 먼저 여권을 제시하고 외국인이 묵을 수 있는지 물어보고 호텔 선정을 하도록 한다. 역에서 쪽지를 내놓고 호객하는 곳은 절대로 가지 말자. 같은 중국인들도 그곳에서 강도를 당하는 수가 많다. 가능한 한 2성급 이상, 외국인이 자주 이용하는 호텔에서 묵도록 한다.

✈ 체크인·체크아웃

일반적으로 14시 이후에는 체크인이 가능하다. 체크인할 때 여권을 보여주고 체크인 카드에 필요한 것을 기재한 후에 제시한다.
낮은 등급일 경우 각 층마다 안내원이 있어 문을 열어 주므로 특별한 열쇠가 없다. 간혹 '야진'이라 하여 보증금을 받기도 한다. 호텔 안에서 커피와 서비스를 받고 체크아웃할 때 정산하기도 하는데, 그런 경우 간혹 보증금을 요구하기도 한다.
체크아웃은 기본적으로 12시이다. 프런트에서 체크아웃의 의사를 표시하면 1차적으로 방을 체크한 후에 지불하면 된다.

✈ 한국에서 호텔 예약방법

항공권을 구매하는 곳에서 보통 예약을 대행하여 주기도 하며, 보통 3성급 이상이어야만 가능하다. 현지에서 여행사를 통해 예약할 경우 수수료를 받으므로 그다지 큰 차이는 나지 않는다.

UNIT 01

호텔 예약

호텔을 현지에서 찾을 때는 공항이나 시내의 观光案内所(Tourist Information)에서 물어보도록 합시다. 예약을 해주는 곳도 있기는 하지만, 우선 가능하면 한국에서 출발하기 전에 예약을 해두는 것이 좋습니다. 예약할 때는 요금, 입지, 치안 등을 고려해서 정하도록 합시다.

[_____ (으)로 부탁합니다.

I'd like a _____ .

请给我 _____ 。
qǐng gěi wǒ

칭께이워]

- 싱글 룸   single room   **单人房**(dānrénfáng)   단런팡
- 트윈 룸   twin room   **双人房**(shuāngrénfáng)   수앙런팡
- 더블 룸   double room   **套间**(tàojiān)   타오지엔
- 욕실이 있는 방 room with a bath **有浴室的房间**(yǒuyùshìdefángjiān) 여우위스더팡지엔

Q : 오늘 밤, 빈방 있습니까?

Do you have a room for tonight?

今天晚上有空房间吗?
jīn tiān wǎnshàng yǒu kōngfángjiān má

진티엔완샹 여우콩팡지엔마

A : 몇 분이십니까?

For how many of you.

几位?
jǐ wèi

지웨이

✈ 안내소에서

☐ 여기서 호텔 예약할 수 있습니까?

Can I make reservation here?

在这里能预约宾馆吗?
zài zhè lǐ néng yù yuē bīn guǎn mǎ
짜이저리 넝위위에빈꾸안마

☐ 어떤 방이 좋겠습니까?

What type of room would you like?

需要什么样的房间?
xū yào shén me yàng de fáng jiān
쉬야오 선머양더팡지엔

☐ 역까지 데리러 옵니까?

Could you pick me up at the station?

到车站来接我吗?
dào chē zhàn lái jiē wǒ mǎ
따오처잔라이 지에워마

☐ 공항까지 데리러 옵니까?

Could you pick me up at the airport?

到机场来接我吗?
dào jī chǎng lái jiē wǒ mǎ
따오지창라이 지에워마

☐ 그 호텔은 어디에 있습니까?

Where is the hotel located?

那个宾馆在哪儿?
nà gè bīn guǎn zài nǎ r
나거빈꾸안 짜이날

☐ 다른 호텔을 소개해 주십시오.

Could you tell me where another hotel is?

请给我介绍别的宾馆。
qǐng gěi wǒ jiè shào bié de bīn guǎn
칭께이워지에사오 삐에더빈꾸안

숙박

호텔 예약

✈ 전화로 예약할 때

☐ 오늘 밤, 빈방 있습니까?
Do you have any vacancies tonight?

今天晚上有空房间吗?
jīn tiān wǎnshàng yǒu kōngfáng jiān má
진티엔완상 여우콩팡지엔마

☐ 숙박요금은 얼마입니까?
How much is the room charge?

住宿费多少钱?
zhù sù fèi duō shǎoqián
주쑤페이 뚜어사오치엔

☐ 1박에 얼마입니까?
How much for one night?

一天晚上多少钱?
yì tiān wǎnshàng duō shǎoqián
이티엔완상 뚜어사오치엔

☐ 요금에 조식은 포함되어 있나요?
Does the room charge include breakfast?

房费里包含早餐吗?
fáng fèi lǐ bāo hán zǎo cān má
팡페이리 빠오한짜오찬마

☐ 봉사료와 세금은 포함되어 있습니까?
Does it include service charge and tax?

包含服务费和税金吗?
bāo hán fú wù fèi hé shuì jīn má
빠오한푸우페이 허수이진마

☐ 예약을 하고 싶은데요.
I'd like to make a reservation.

我想预约。
wǒ xiǎng yù yuē
워시앙 위위에

94

□ **몇 박을 하실 겁니까?**
How long would you like to stay?

住几宿?
zhù jǐ xiǔ
주지시우

□ **오늘 밤부터 2박 할 겁니다.**
I'll stay two nights.

从今天晚上开始住两宿。
cóng jīn tiān wǎnshàng kāi shǐ zhù liǎng sù
총진티엔 완샹카이스 주리앙쑤

□ **트윈 룸으로 부탁합니다.**
A double room, please.

请给我双人房间。
qǐng gěi wǒ shuāng rén fáng jiān
칭께이워 수앙런팡지엔

□ **욕실이 있는 방으로 부탁합니다.**
I'd like a room with a bath.

请给我有浴室的房间。
qǐng gěi wǒ yǒu yù shì de fáng jiān
칭께이워 여우위스더팡지엔

□ **선불인가요?**
Do you need a deposit?

先付钱吗?
xiān fù qián má
시엔푸치엔마

□ **홍길동입니다. 스펠링은 HONG KILDONG입니다.**
My name is Kil-dong Hong. The spelling is HONG KILDONG.

我的名字是洪吉童。 拼写成HONG KILDONG。
wǒ de míng zì shì hóng jí tóng   pīn xiě chéng
워더밍즈스 홍지동.   핀씨에청 HONGKILDONG

숙박 호텔 예약

호텔 스텝의 역할

① 회계(cashier)
- 요금 정산, 환전, 금고 관리

会计人员(huìjìrényuán) 후이지런위엔

② 레지스트레이션(registration)
- 체크인, 체크아웃

登记员(dēngjìyuán) 덩지위엔

③ 접수(reception)
- 룸키, 메시지

接待处(jiēdàichù) 지에따이추

④ 안내(information)
- 극장, 식당 등의 안내 및 예약, 관광 상담, 편지나 메시지 취급

咨询台(zīxúntái) 즈쉰타이

⑤ 포터(porter)
- 차에서 프런트까지 짐 운반

行李员(xínglǐyuán) 싱리위엔

⑥ 도어맨(doorman)
- 현관에서 숙박객의 송영

门卫(ménwèi) 먼웨이

⑦ 벨캡틴(bell captain)
- 벨보이 책임자

领班(lǐngbān) 링빤

⑧ 벨보이(bellboy)
- 로비와 객실간의 짐 운반 등

侍者(shìzhě) 스저

⑨ 보이(valet)
- 룸서비스 운반

男仆(nánpú) 난푸

⑩ 룸 메이드(room maid)
- 침대 정리나 방 청소

清扫女工(qīngsǎonǚgōng) 칭사오뉘꽁

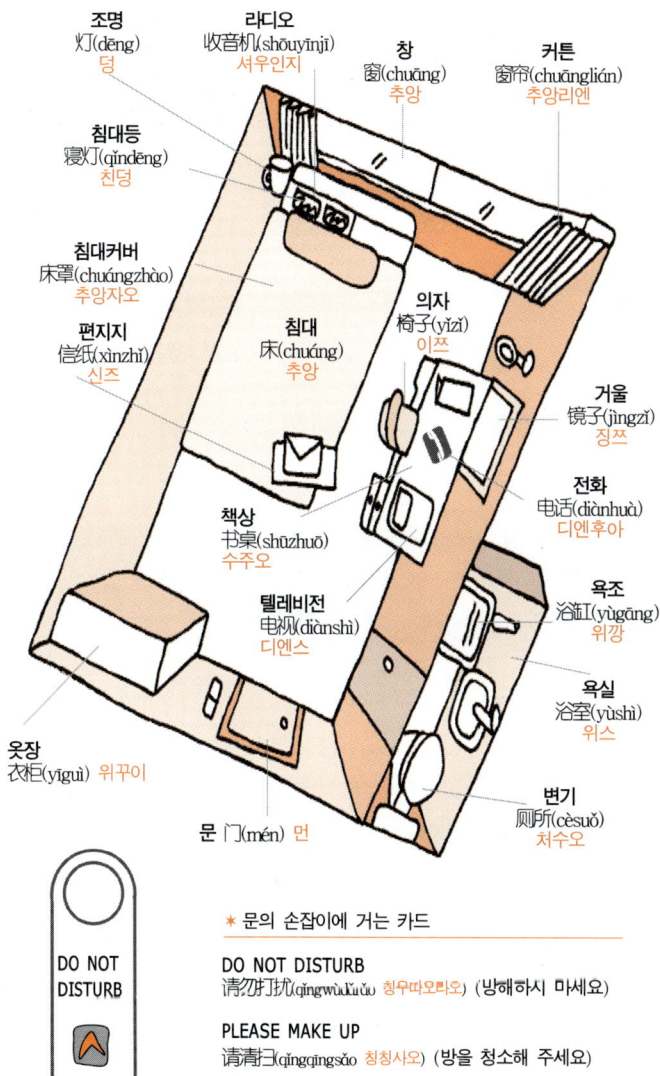

* 문의 손잡이에 거는 카드

DO NOT DISTURB
请勿打扰(qǐngwùdǎrǎo) 칭우따오라오) (방해하시 마세요)

PLEASE MAKE UP
请清扫(qǐngqīngsǎo) 칭칭사오) (방을 청소해 주세요)

UNIT 02

호텔 체크인

호텔의 체크인 시각은 보통 오후 2시부터입니다. 호텔 도착 시간이 오후 6시를 넘을 때는 예약이 취소되는 경우도 있으므로 늦을 경우에는 호텔에 도착시간을 전화로 알려두는 것이 좋습니다. 방의 형태, 설비, 요금, 체재 예정 등을 체크인할 때 확인하도록 합시다.

[
_____ 으로 부탁합니다.

I'd like a _____.

请给我 _____。
qǐng gěi wǒ

칭께이워
]

- ☐ 조용한 방   peaceful room   **安静的房间**(ānjìngdefángjiān)   안징더팡지엔
- ☐ 더 좋은 방   better room   **更好的**(gēnghǎode)   껑하오더
- ☐ 전망이 좋은 방   room with a nice view   **能看风景的房间**(néngkànfēngjǐngdefángjiān)   넝칸펑징더팡지엔

Q: 안녕하세요. 어서 오십시오.

Hi. May I help you?

您好! 欢迎光临!
nín hǎo   huānyíngguāng lín

닌하오! 후안잉꾸앙린

A: 체크인 해 주세요.

I'd like to check in, please.

请给我开个房间。
qǐng gěi wǒ kāi gè fángjiān

칭께이워카이거팡지엔

98

✈ 프런트에서 체크인할 때

☐ **예약은 하셨습니까?**
Did you have a reservation?

您预约了吗?
nín yù yuē le ma
닌위위에러마

☐ **예약했습니다.**
I have a reservation.

预约了。
yù yuē le
위위에러

☐ **확인서는 여기 있습니다.**
Here is my confirmation slip.

确认书在这里。
què rèn shū zài zhè lǐ
취에런수 짜이저리

☐ **예약은 한국에서 했습니다.**
I made one from Korea.

在韩国预约的。
zài hán guó yù yuē de
짜이한궈 위위에더

☐ **아직 예약을 하지 않았습니다.**
I haven't made a reservation.

还没有预约。
hái méi yǒu yù yuē
하이메이여우 위위에

☐ **오늘밤 빈방은 있습니까?**
Can I get a room for tonight?

今天晚上有空房间吗?
jīn tiān wǎnshàng yǒu kōngfáng jiān ma
진티엔완상 여우콩팡지엔마

숙박 호텔 체크인

☐ 성함을 말씀하십시오.
May I have your name?

请说姓名。
qǐng shuō xìng míng
칭수오 싱밍

☐ 숙박 쿠폰을 가지고 있습니다.
I have a travel agency coupon.

住宿券在我手里。
zhù sù quàn zài wǒ shǒu lǐ
주쑤취엔 짜이워셔우리

☐ 조용한 방으로 부탁합니다.
I'd like a quiet room.

请给我个安静的房间。
qǐng gěi wǒ ge ān jìng de fáng jiān
칭께이워거 안징더팡지엔

☐ 전망이 좋은 방으로 부탁합니다.
I'd like a room with a nice view.

请给我个能看风景的房间。
qǐng gěi wǒ ge néng kàn fēng jǐng de fáng jiān
칭께이워거 넝칸펑징더팡지엔

☐ 방을 보여 주세요.
May I see the room?

请给我看一下房间。
qǐng gěi wǒ kàn yí xià fáng jiān
칭께이워 칸이샤팡지엔

☐ 좀더 큰 방은 없습니까?
Do you have anything bigger?

有更大一点的房间吗?
yǒu gèng dà yì diǎn de fáng jiān mǎ
여우껑따이띠엔더팡 지엔마

100

❏ 좀더 좋은 방은 없습니까?
Do you have anything better?

有没有更好的房间?
yǒu méi yǒu gèng hǎo de fáng jiān
여우메이여우 껑하오더팡지엔

❏ 이 방으로 하겠습니다.
I'll take this room.

就住这个房间吧。
jiù zhù zhè ge fáng jiān bā
저우주 저거팡지엔바

❏ 숙박카드에 기입해 주십시오.
Please fill out the registration card.

请记录到住宿卡里。
qǐng jì lù dào zhù sù kǎ lǐ
칭지루따오 주쑤카리

❏ 이게 방 열쇠입니다.
Here is your room key.

这是房间钥匙。
zhè shì fáng jiān yào shi
저스 팡지엔야오스

❏ 귀중품을 보관해 주시겠어요?
Can you keep my valuables?

可以保管贵重物品吗?
kě yǐ bǎo guǎn guì zhòng wù pǐn mà
커이빠오꾸안 꾸이종우핀마

❏ 벨보이가 방으로 안내하겠습니다.
The bellboy will show you your room.

服务员会带您到房间。
fú wù yuán huì dài nín dào fáng jiān
푸우위엔 후이닌따오팡지엔

숙박 호텔 체크인

❏ 짐을 방까지 옮겨 주겠어요?

Could you bring my baggage?

能把行李搬到房间吗?
néng bǎ xíng lǐ bān dào fáng jiān mǎ

넝빠싱리 반따오팡지엔마

❏ 여기가 손님방입니다.

This is your room.

这就是客人的房间。
zhè jiù shì kè rén de fáng jiān

저져우스 커런더팡지엔

《숙박카드》

	HILL HOTEL GUEST REGISTRATION		
성명	Full name		
	Last	First	Middle
자택주소 전화번호	Home Address:		Tel:
여권번호 국적, 나이	Passport No:	Nationality:	Age:
차번호	License Plate Number:		
자동차 메이커 자동차 모델명 연식	Make:	Model:	Year:
서명	Signature:		
호텔측 기입사항	Method of Payment: ☐ Cash ☐ Credit Card ☐ Other $ _____		Arrival Date: Departure Date: Room No:
	All of at the Hill Hotel are grateful for your patronage.		

✈ 체크인 트러블

☐ (늦을 경우) 8시에 도착할 것 같습니다.
I'll arrive at your hotel at eight.

大概八点钟能到。
dà gài bā diǎn zhōng néng dào
따가이빠띠엔종 넝따오

☐ 예약을 취소하지 마세요.
Please don't cancel my reservation.

不要取消预约。
bú yào qǔ xiāo yù yuē
뿌야오취샤오 위위에

☐ (예약되어 있지 않을 때) 다시 한번 제 예약을 확인해 주십시오.
Check my reservation again, please.

请再帮我确认一下预约内容。
qǐng zài bāng wǒ què rèn yí xià yù yuē nèi róng
칭짜이방워 취에런이샤 위위에네이롱

☐ 방을 취소하지 않았습니다.
I didn't cancel the room.

没有取消房间。
méi yǒu qǔ xiāo fáng jiān
메이여우 취샤오팡지엔

☐ 다른 호텔을 찾아 주십시오.
Would you refer me to another hotel?

请找别的宾馆。
qǐng zhǎo bié de bīn guǎn
칭자오 삐에더빈꾸안

☐ 좀더 큰 방으로 바꿔 주세요.
Could you give me a larger room?

请给我换更大一点的房间。
qǐng gěi wǒ huàn gèng dà yì diǎn de fáng jiān
칭께이워 후안겅따이띠엔더 팡지엔

숙박 | 호텔 체크인

UNIT 03

룸서비스

방에 도착하면 짐을 가져다 준 보이에게 팁을 줍니다. 방의 설비에 대해서 모르는 점이 있으면 그때 물어보도록 합시다. 요즘 호텔에서는 자동으로 모닝콜을 하는 곳이 많습니다. 조작을 모를 때는 프런트에 연락을 하고, 호텔 방에서 아침 식사를 할 경우에는 중국요리나 양식요리가 준비되어 있으므로 취향에 맞게 선택하면 됩니다.

[
_____ 가져오세요.

I'd like _____ .

请给我 _____ 。
qǐng gěi wǒ

칭께이워
]

- 커피 두 잔   two coffees.   **两杯咖啡**(liǎngbēikāfēi)   리앙뻬이카페이
- 신문   newspaper   **报纸**(bàozhǐ)   빠오즈
- 병따개   a bottle opener.   **瓶启子**(píngqǐzi)   핑치즈
- 아침식사   reakfast.   **早餐**(zǎocān)   자오찬

Q: 누구세요?

Who is it?

您是谁?
nín shì shéi

닌스쉐이

A: 룸서비스입니다.

Room service.

是房间服务员。
shì fáng jiān fú wù yuán

스 팡지엔푸우위엔

✈ 룸서비스를 부탁할 때

☐ 룸서비스를 부탁합니다.
Room service, please.

请叫房间服务员。
qǐng jiào fáng jiān fú wù yuán
칭자오 팡지엔푸우위엔

☐ 내일 아침 8시에 아침을 먹고 싶은데요.
Breakfast at 8 a.m. tomorrow morning, please.

我想明天早上八点钟吃早餐。
wǒ xiǎng míng tiān zǎo shàng bā diǎn zhōng chī zǎo cān
워씨앙 밍티엔짜오상빠디엔종 츠자오찬

☐ 여기는 1234호실입니다.
This is Room 1234.

这里是1234房间。
zhè lǐ shì　　　 fáng jiān
저리스 이치엔얼빠이싼스쓰 팡지엔

☐ 도와주시겠어요?
Can you give me a hand?

能帮忙吗?
néng bāng máng má
넝 빵망마

☐ 어느 정도 시간이 걸립니까?
How long will it take?

需要多长时间?
xū yào duō cháng shí jiān
쉬야오 뚸창스지엔

☐ 세탁 서비스는 있습니까?
Do you have valet service?

有洗衣服务项目吗?
yǒu xǐ yī fú wù xiàng mù má
여우 시이푸우씨앙무마

숙박

룸서비스

105

- 따뜻한 마실 물이 필요한데요.
  I'd like a pot of boiled water.

  需要热水。
  xū yào rè shuǐ
  쉬야오 러수이

- 모닝콜을 부탁합니다.
  I'd like a wake-up call, please.

  需要叫早。
  xū yào jiào zǎo
  쉬야오 쟈오자오

- 몇 시에 말입니까?
  What time?

  几点钟?
  jǐ diǎn zhōng
  지디엔종

- 7시에 부탁합니다.
  7 o'clock tomorrow morning.

  七点钟。
  qī diǎn zhōng
  치디엔종

- 방 번호를 말씀하십시오.
  Your room number, please.

  请告诉我您的房间号。
  qǐng gào sù wǒ nín de fáng jiān hào
  칭까오수워 닌더팡지엔하오

- 한국으로 전화를 하고 싶은데요.
  I'd like to make a phone call to Korea.

  我想往韩国打电话。
  wǒ xiǎng wǎng hán guó dǎ diàn huà
  워시앙 왕한궈 따디엔후아

☐ 마사지를 부탁합니다.
I'd like a massage, please.

请给我按摩。
qǐng gěi wǒ àn mó
칭게이워 안모

☐ 식당 예약 좀 해 주시겠어요?
Would you make a reservation for a restaurant for me?

请帮我预定位子。
qǐng bāng wǒ yù dìng wèi zi
칭빵워 위딩웨이즈

✈ 룸서비스가 들어올 때

☐ (노크하면) 누구십니까?
Who is it?

您是谁?
nín shì shéi
닌스쉐이

☐ 잠시 기다리세요.
Just a moment, please.

请稍等。
qǐng shāo děng
칭사오덩

☐ 들어오세요.
Please, come in.

请进。
qǐng jìn
칭진

☐ 이건 팁입니다.
Here's your tip.

这是小费。
zhè shì xiǎo fèi
저스 샤오페이

UNIT 04 호텔시설 이용하기

호텔 내의 시설이나 설비, 서비스 내용은 체크인할 때 확인해두도록 합시다. 예약이나 트러블, 문의 사항은 대부분 프런트 데스크에 부탁하면 해결을 해주지만, 클리닝, 룸서비스 등의 내선번호는 방에 준비되어 있는 안내서에 적혀 있습니다.

호텔 안에 _____ 은(는) 있습니까?

Do you have a _____ in the hotel?

有 _____ 吗?
yǒu　　　　　　　　　　　　　ma

여우　　　　　　　　　　　　　마

□ 식당　　　dining room　　　食堂(shítáng)　　　스탕
□ 미용실　　hair salon　　　　美容院(měiróngyuàn)　메이롱위엔
□ 이발소　　barbershop　　　理发店(lǐfàdiàn)　　리파띠엔
□ 디스코　　disco　　　　　　迪厅(dítīng)　　　　디팅

Q: 호텔에는 어떤 시설이 있습니까?

What kind of facilities are there in the hotel?

宾馆有什么设施?
bīn guǎn yǒu shén me shè shī

빈꾸안 여우선머서스

A: 거의 모두 다 있습니다.

Everything you could possibly want.

几乎都有。
jī hū dōu yǒu

지후떠우여우

✈ 시설물을 물을 때

☐ **자판기는 있습니까?**
Is there a vending machine?

有自动售货机吗?
yǒu zì dòngshòu huò jī má
여우 즈동셔우훠지마

☐ **식당은 어디에 있습니까?**
Where is the dining room?

餐厅在哪儿?
cān tīng zài nǎ r
찬팅 짜이날

☐ **몇 시까지 영업합니까?**
How late is the dining room?

营业到几点?
yíng yè dào jǐ diǎn
잉예따오 지디엔

☐ **이 호텔에 테니스코트는 있습니까?**
Is there a tennis court at this hotel?

有网球场吗?
yǒu wǎng qiú chǎng má
여우 왕치우창마

☐ **커피숍은 어디에 있습니까?**
Where's the coffee shop?

咖啡厅在哪儿?
kā fēi tīng zài nǎ r
카페이팅 짜이날

☐ **바는 언제까지 합니까?**
How late is the bar room open?

酒吧营业到几点?
jiǔ bā yíng yè dào jǐ diǎn
져우바잉예따오 지디엔

숙박 호텔시설 이용하기

- 가라오케는 어디서 할 수 있나요?
  Where can I sing karaoke?

  在哪儿可以唱歌?
  zài nǎ r kě yǐ chàng gē
  짜이날 커이창거

- 이메일을 체크하고 싶은데요.
  I want to check my e-mail.

  我想检查我的电子邮件。
  wǒ xiǎng jiǎn chá wǒ de diàn zi yóu jiàn
  워시앙지엔차 워더띠엔즈여우지엔

- 팩스(복사기)는 있습니까?
  Do you have a fax machine(photocopier)?

  有传真机(复印机)吗?
  yǒu chuán zhēn jī fù yìn jī má
  여우 추안전지(푸인지)마

- 여기서 관광버스 표를 살 수 있습니까?
  Can I get a ticket for the sightseeing bus here?

  在这里可以买观光车票吗?
  zài zhè lǐ kě yǐ mǎi guān guāng chē piào má
  짜이저리커이마이 꽌구앙처퍄오마

- 미용실은 어디입니까?
  Is there a beauty salon?

  美容院在哪儿?
  měi róng yuàn zài nǎ r
  메이롱위엔 짜이날

- 계산은 방으로 해 주세요.
  Will you charge it to my room?

  请一起算到房费里
  qǐng yī qǐ suàn dào fáng fèi lǐ
  칭이치쑤안따오 팡페이리

세탁

❏ **세탁서비스는 있나요?**
Do you have laundry service?

有洗衣服务吗?
yǒu xǐ yī fú wù má
여우 시이푸우마

❏ **세탁을 부탁합니다.**
I'd like to drop off some laundry.

请帮我洗一下衣服。
qǐngbāng wǒ xǐ yí xià yī fú
칭방워 시이샤이푸

❏ **언제 됩니까?**
When will it be ready?

什么时候可以?
shén me shí hòu kě yǐ
선머스허우 커이

❏ **빨리 해 주시겠어요?**
Could you do it as soon as possible, please?

可以快点吗?
kě yǐ kuàidiǎn má
커이 콰이디엔마

❏ **이 얼룩은 빼 주겠어요?**
Can you get this stain out?

这个污渍能洗掉吗?
zhè gè wū zì néng xǐ diào má
저거우즈 넝시다오마

❏ **이 와이셔츠를 다려 주세요.**
I'd like these shirt pressed.

可以帮我熨一下这衬衫吗?
kě yǐ bāng wǒ yùn yí xià zhè chènshān má
커이방워 윈이샤 저천산마

숙박

호텔시설 이용하기

✈ 미용실에서

☐ **미용실은 있습니까?**
Is there a beauty salon?

有美容院吗?
yǒu měi róngyuàn má
여우 메이롱위엔마

☐ **오늘 오후에 예약할 수 있습니까?**
Can I make an appointment for the afternoon?

今天下午可以预约吗?
jīn tiān xià wǔ kě yǐ yù yuē má
진티엔샤우 커이위위에마

☐ **(헤어스타일을) 어떻게 할까요?**
How would you like your hair?

怎么弄?
zěn me nòng
쩐머농

☐ **샴푸와 세트를 부탁합니다.**
Shampoo and set, please.

请给我洗头和做型。
qǐng gěi wǒ xǐ tóu hé zuò xíng
칭께이워시터우 허쭤싱

☐ **커트와 샴푸만 해 주세요.**
Haircut and shampoo, please.

请给我洗头和剪头。
qǐng gěi wǒ xǐ tóu hé jiǎn tóu
칭께이워시터우 허지엔터우

☐ **가볍게 파마를 해 주세요.**
A soft permanent, please.

请给我稍微烫一下头。
qǐng gěi wǒ shāo wēi tàng yí xià tóu
칭께이워 사오웨이탕이샤터우

이발소에서

☐ **커트와 면도를 부탁합니다.**
Haircut and shave, please.

请给我剪头和剃须。
qǐng gěi wǒ jiǎn tóu hé tì xū
칭께이워지엔터우 허티쉬

☐ **조금만 깎아 주세요.**
Just trim it, please.

稍微帮我剪一下。
shāo wēi bāng wǒ jiǎn yí xià
사오웨이방워 지엔이샤

☐ **짧게 깎아 주세요.**
Cut it short, please.

剪短一点。
jiǎn duǎn yì diǎn
지엔 뚜안이디엔

☐ **너무 짧게 하지 마세요.**
Please don't cut it too short.

不要剪太短。
bù yào jiǎn tài duǎn
뿌야오 지엔타이뚜안

☐ **뒤를 조금 잘라 주세요.**
A little more off the back.

后面稍微剪一点。
hòu miàn shāo wēi jiǎn yì diǎn
허우미엔 사오웨이지엔이띠엔

☐ **옆을 조금 잘라 주세요.**
A little more off the sides.

旁边稍微剪一点。
páng biān shāo wēi jiǎn yì diǎn
팡삐엔 사오웨이지엔이띠엔

숙박 호텔시설 이용하기

UNIT 05

호텔에서 전화·우편

국제전화는 호텔에서 다이얼로 직접 거는 방법 이외에 오퍼레이터를 통해서 번호지정 통화, 지명통화, 컬렉트콜 등을 이용할 수 있습니다. 국제자동전화를 이용할 때는 일본의 국제자동전화 식별번호→우리나라의 국가번호(82)→국가내의 지역번호(숫자 0은 생략)→가입자의 번호 순으로 다이얼을 돌리면 됩니다.

[_____ (으)로 부탁합니다.

By _____ , please.

请给我 _____ 。
qǐng gěi wǒ

칭께이워]

- 번호통화 station-to-station call **拨号通话**(bōhàotōnghuà) 보하오통후아
- 지명통화 person-to-person call **转机通话**(zhuǎnjītōnghuà) 주안진통후아
- 컬렉트콜 collect call **对方付款电话**(duìfāngfùkuǎndiànhuà) 뚜이팡푸콴디엔후아

Q: 한국으로 전화를 하고 싶은데요.

I'd like to make a phone call to Korea.

想往韩国打电话。
xiǎngwǎng hán guó dǎ diàn huà

시앙왕한궈 따디엔후아

A: 몇 번입니까?

What's the number?

多少号?
duō shǎo hào

뚜사오하오

전화를 이용할 때

☐ (교환수) 누구를 불러 드릴까요?
To whom are you calling?

请问您找谁?
qǐng wèn nín zhǎo shéi
칭원 닌자오쉐이

☐ (교환수) 당신의 이름과 호실을 말씀하십시오.
Your name and room number, please.

请说一下您的姓名和房间号。
qǐng shuō yí xià nín de xìngmíng hé fáng jiān hào
칭수오이샤 닌더씽밍 허팡지엔하오

☐ (교환수) 그대로 기다리십시오.
Hold on, please.

请稍等。
qǐng shāo děng
칭사오덩

☐ (교환수) 전화를 끊고 잠시 기다려 주십시오.
Please hang up and wait.

挂断电话后，请稍等。
guà duàn diàn huà hòu　qǐng shāo děng
꾸아뚜안디엔후아허우　칭샤오덩

☐ (교환수) 자 말씀하십시오.
Go ahead, please.

请说。
qǐng shuō
칭슈오

☐ (교환수) 통화중입니다.
The line is busy.

正在通话中。
zhèng zài tōng huà zhōng
정짜이 통후아종

□ (교환수) 응답이 없습니다.
There's no answer.

无应答。
wú yìng dá
우잉따

□ (공중전화에서) 이 전화는 한국에 걸립니까?
Can I call Korea with this telephone?

这部电话能挂到韩国吗?
zhè bù diàn huà néng guà dào hán guó má
저뿌디엔후아 넝꾸아따오한궈마

□ 먼저 얼마를 넣으면 됩니까?
How much should I deposit?

需要先放进多少钱?
xū yào xiānfàng jìn duō shǎoqián
쒸야오시엔팡진 뚜어사오치엔

□ 한국으로 팩스를 보내고 싶은데요.
I'd like to send a fax to Korea.

我想给韩国发传真。
wǒ xiǎng gěi hán guó fā chuánzhēn
워샹께이한궈 파추안전

□ (공중전화에서) 이 전화는 한국에 걸립니까?
Can I call Korea with this telephone?

这个电话能打到韩国吗?
zhè gè diàn huà néng dǎ dào hán guó má
저거디엔후아 넝따다오한궈마

□ 전화요금은 얼마입니까?
How much was the charge?

电话费是多少钱?
diàn huà fèi shì duō shǎoqián
디엔후아페이스 뚜어사오치엔

✈ 편지를 보낼 때

☐ 이 근처에 우체국은 있습니까?
   Is there a post office near here?

   这附近有邮局吗?
   zhè fù jìn yǒu yóu jú ma
   저푸진 여우여우쥐마

☐ 우표는 어디서 살 수 있나요?
   Where can I buy stamps?

   邮票在哪儿买?
   yóu piào zài nǎ r mǎi
   여우퍄오 자이날마이

☐ 우표 자동판매기는 어디에 있습니까?
   Where's a stamp vending machine?

   邮票自动售货机在哪?
   yóu piào zì dòng shòu huò jī zài nǎ
   여우퍄오즈동셔우훠지 짜이나

☐ 한국까지 항공편으로 보내 주세요.
   By airmail to Korea, please.

   帮我托运到韩国。
   bāng wǒ tuō yùn dào hán guó
   방워퉈윈따오 한궈

☐ 이 소포를 한국으로 보내고 싶은데요.
   I'd like to send this parcel to Korea.

   我想把邮包邮到韩国。
   wǒ xiǎng bǎ yóu bāo yóu dào hán guó
   워시앙바여우빠오 여우따오한궈

☐ 이 편지를 부쳐 주세요.
   Please send this letter?

   请帮我寄这封信。
   qǐng bāng wǒ jì zhè fēng xìn
   칭방워지 저펑신

숙박 호텔에서 전화·우편

UNIT 06 | Travel Chinese

호텔에서의 트러블

호텔 방이 100% 안전하다고 과신해서는 안 됩니다. 비품이 제대로 갖추어져 있지 않거나 불의의 사고로 다치거나, 종업원(服务员)을 가장해 방에 들어와 물건을 훔치는 경우도 적지 않습니다. 문제가 발생했을 때는 그냥 넘어가지 말고 반드시 프런트 데스크에 연락을 취해 해결하도록 합시다.

[_____ (이)가 고장 났습니다.

The _____ doesn't work.

出故障了。
chū gù zhàng le

추꾸장러]

- ☐ 열쇠   lock   **钥匙**(yàochí)   야오츠
- ☐ 에어컨   air-conditioner   **空调**(kōngtiào)   콩티아오
- ☐ 수도꼭지   faucet   **水龙头**(shuǐlóngtóu)   수이롱터우
- ☐ 히터   heater   **暖风机**(nuǎnfēngjī)   누안펑지

Q: 잠깐 와 주시겠어요?

Could you send someone up to my room?

能过来一下吗?
néng guò lái yí xià má

넝 꿔라이이샤마

A: 네, 무슨 일이십니까?

Sure, what's the problem.

有什么事吗?
yǒu shén mè shì má

여우선머스마

✈ 방에 들어갈 수 없을 때

☐ 마스터키를 부탁합니다.
The master key, please.

请给我钥匙的原本可以吗?
qǐng gěi wǒ yào shí dè yuán běn kě yǐ má
칭께이 워야오스더 위엔번 커이마

☐ 열쇠가 잠겨 방에 들어갈 수 없습니다.
I locked myself out.

房门锁着进不去。
fáng mén suǒ zhe jìn bù qù
팡먼쉬저 진뿌취

☐ 열쇠를 방에 두고 나왔습니다.
I left the key in my room.

钥匙落在房里了。
yào shí là zài fáng lǐ le
야오스라 짜이팡리러

☐ 카드키는 어떻게 사용합니까?
How do I use the card key?

钥匙卡怎么用?
yào shi kǎ zěn mè yòng
야오스카 쩐머용

☐ 방 번호를 잊어버렸습니다.
I forgot my room number.

忘了房间号码。
wàng le fáng jiān hào mǎ
왕러 팡지엔하오마

☐ 복도에 이상한 사람이 있습니다.
There is a strange person in the corridor.

走廊有奇怪的人。
zǒu láng yǒu qí guài dè rén
저우랑 여우치꽈이더런

✈ 방을 바꿔달라고 할 때

☐ **옆방이 무척 시끄럽습니다.**
The next room is very noisy.

隔壁房间太吵了。
gé bì fáng jiān tài chǎo le
거삐팡지엔 타이차오러

☐ **(시끄러워서) 잠을 잘 수 없습니다.**
I can't sleep.

太吵了，睡不着觉。
tài chǎo le shuì bù zháo jiao
타이차오러 수이뿌자오쟈오

☐ **다른 방으로 바꿔 주시겠어요?**
Could you give me a different room.

请给我换别的房间。
qǐng gěi wǒ huàn bié de fáng jiān
칭께이워후안 삐에더팡지엔

✈ 수리를 원할 때

☐ **화장실 물이 잘 흐르지 않습니다.**
This toilet doesn't flush well.

洗手间水流不好。
xǐ shǒu jiān shuǐ liú bù hǎo
시셔우지엔 수이리우뿌하오

☐ **뜨거운 물이 나오지 않는데요.**
There's no hot water.

不出热水。
bù chū rè shuǐ
뿌추러수이

☐ **물이 샙니다.**
The water is leaking.

漏水。
lòu shuǐ
러우수이

☐ 수도꼭지가 고장 났습니다.
The faucet is broken.

水龙头出故障了。
shuǐlóng tóu chū gù zhàng le
수이롱터우 추꾸장러

☐ 물이 뜨겁지 않습니다.
The water isn't hot enough.

水不烫。
shuǐ bú tàng
수이뿌탕

☐ 빨리 고쳐 주세요.
Could you fix it now?

请快帮我修一下。
qǐng kuài bāng wǒ xiū yí xià
칭콰이방워 시우이샤

→ 청소·비품이 없을 때

☐ 방 청소가 아직 안 되었습니다.
My room hasn't been cleaned yet.

房间还没有打扫。
fáng jiān hái méi yǒu dǎ sǎo
팡지엔 하이메이여우따사오

☐ 미니바가 비어 있습니다.
The mini-bar is empty.

迷你巴台空了。
mí nǐ bā tái kōng le
미니바타이콩러

☐ 타월을 바꿔 주세요.
Can I get a new towel?

请帮我换毛巾。
qǐng bāng wǒ huàn máo jīn
칭방워 후안마오진

숙박

호텔에서의 트러블

UNIT 07

Travel Chinese

체크아웃

아침 일찍 호텔을 떠날 때는 가능하면 전날 밤 짐을 꾸려 다음날 아침 짐을 가지러 오도록 미리 벨보이에게 부탁해두면 좋습니다. 택시를 부르거나 공항버스 시각을 알아두고 체크아웃 예약도 전날 밤 해두면 편안하게 출발할 수 있습니다. 방을 나갈 때는 잃은 물건이 없는지 확인하도록 합시다.

[
_____ 은(는) 무엇입니까?

What is this _____ ?

这 _____ 是什么?
zhè　　　　　　　　　shì shén me

저　　　　　　　　　　　스선머
]

- ☐ 요금　　　charge for　　　**费用**(fèiyòng)　　　페이용
- ☐ 숫자　　　figure　　　　　**数字**(shùzì)　　　　수쯔
- ☐ 추가요금　additional charge for　**追加费用**(zhuījiāfèiyòng)　주이쟈페이용

Q : 체크아웃을 부탁합니다.

I'd like to check out now.

请给我退房。
qǐng gěi wǒ tuì fáng

칭께이워 투이팡

A : 몇 호실입니까?

What's your room number?

几号房间?
jǐ hào fáng jiān

지하오팡지엔

✈ 체크아웃을 준비할 때

☐ **체크아웃은 몇 시입니까?**
When is check out time?

退房是几点?
tuì fáng shì jǐ diǎn
투이팡스 지디엔

☐ **몇 시에 떠날 겁니까?**
What time are you leaving?

几点钟离开?
jǐ diǎnzhōng lí kāi
지디엔종리카이

☐ **하룻밤 더 묵고 싶은데요.**
I'd like to stay one more night.

想再住一晚。
xiǎng zài zhù yì wǎn
씨앙자이주이완

☐ **하루 일찍 떠나고 싶은데요.**
I'd like to leave one day earlier.

想提前一天离开。
xiǎng tí qián yì tiān lí kāi
시앙티 치엔이티엔리카이

☐ **오후까지 방을 쓸 수 있나요?**
May I use the room till this afternoon?

房间可以用到下午吗?
fáng jiàn kě yǐ yòng dào xià wǔ má
팡지엔커이융따오 쌰우마

☐ **오전 10시에 택시를 불러 주세요.**
Please call a taxi for me at 10 a.m.

请帮我上午十点钟叫出租车。
qǐngbāng wǒ shàng wǔ shí diǎnzhōng jiào chū zū chē
칭방워상우스띠엔종 쟈오추주처

숙박 체크아웃

✈ 체크아웃

☐ **(전화로) 체크아웃을 하고 싶은데요.**
Check out, please.

我想退房。
wǒ xiǎng tuì fáng
워시앙투이팡

☐ **1234호실 홍길동입니다.**
My name is Kil-dong Hong, Room 1234.

我是1234号房间的洪吉童。
wǒ shì　　　　hào fáng jiān de hóng jí tóng
워스 이치엔얼빠이싼스쓰하오 팡지엔더 홍지통

☐ **포터를 보내 주세요.**
A porter, please.

请给我叫一下行李员。
qǐng gěi wǒ jiào yí xià xíng lǐ yuán
칭께이워 쟈오이샤싱리위엔

☐ **맡긴 귀중품을 꺼내 주세요.**
I'd like my valuables from the safe.

请给我寄存的贵重物品。
qǐng gěi wǒ jì cún de guì zhòng wù pǐn
칭께이워 지춘더꾸이종우핀

☐ **출발할 때까지 짐을 맡아 주시겠어요?**
Could you keep my baggage until my departure time?

出发之前能给我看一下行李吗?
chū fā zhī qián néng gěi wǒ kàn yí xià xíng lǐ ma
추파즈치엔 넝께이워 칸이샤싱리마

☐ **방에 물건을 두고 나왔습니다.**
I left something in my room.

我把东西忘在房间里了。
wǒ bǎ dōng xī wàng zài fáng jiān lǐ le
워빠뚱시 왕짜이팡지엔리러

✈ 계산을 할 때

□ **계산을 부탁합니다.**
My bill, please.

请结帐。
qǐng jié zhàng
칭지에장

□ **신용카드도 됩니까?**
Do you accept a traveler's checks?

刷卡可以吗?
shuā kǎ kě yǐ má
수아카 커이마

□ **여행자수표도 됩니까?**
Do you accept a traveler's checks?

旅行者支票可以吗?
lǚ xíng zhě zhī piào kě yǐ má
뤼싱저즈퍄오 커이마

□ **전부 포함된 겁니까?**
Is everything included?

全包括在内吗?
quán bāo kuò zài nèi má
취엔빠오쿼자이네이마

□ **계산이 틀린 것 같은데요.**
I think there is a mistake on this bill.

好象计算错了。
hǎo xiàng jì suàn cuò le
하오샹 지수안춰러

□ **고맙습니다. 즐겁게 보냈습니다.**
Thank you, I enjoyed my stay.

谢谢! 我过得很好。
xiè xie wǒ guò dé hěn hǎo
씨에씨에 워꿔더헌하오

숙박

체크아웃

호텔에서 볼 수 있는 게시판

入口	ENTRANCE	입구
出口	EXIT / WAY OUT	출구
物品保管处	CLOAKROOM	휴대품 보관소
分馆	ANNEX	별관
男厕所	GENTLEMAN / MEN	남자 화장실
女厕所	LADIES / WOMEN	여자 화장실
现金出纳	CASHIER	현금 출납원
房间清扫中	MAKE UP ROOM	방 청소 중
接待处	REGISTRATION / FRONT DESK	접수처
紧急出口	EMERGENCY EXIT FIRE EXIT	비상구
外部人员禁止出入	EMPLOYEES ONLY	관계자 외 출입금지
请勿打扰	DO NOT DISTURB	면회사절
餐厅	DINING ROOM	식당
咖啡厅	COFFEE SHOP	커피숍
观光酒店	TOURIST HOTEL	관광호텔
清扫女工	MAID	메이드
经理	MANAGER	지배인
大厅	LOBBY	로비

PART 4

식사

식당 찾기·예약하기
식사 주문
식사를 하면서
술집에서
식당에서의 트러블
패스트푸드점에서
식비·술값 계산

Travel Information

식사에 관한 정보

✈ 중국의 여러 가지 요리

중국의 요리는 전국적으로 여러 계통이 있지만, 그중에서도 유명한 것이 4대 요리이다. 광둥성을 중심으로 남쪽지방에서 발달한 광둥요리와 쓰촨성을 중심으로 산악지대의 풍토에 영향을 받은 쓰촨요리, 황허 하류의 평야지대를 중심으로 발달하여 상하이로 대표되는 상하이요리, 수도인 베이징의 고도를 중심으로 궁정요리가 발달한 베이징요리 등이다. 그밖에 지방마다 특색있는 요리가 있어 그 종류만 하더라도 헤아릴 수 없이 많은 것이 중국음식이다.

궁정요리(宮廷料理) : 궁중에서 황제를 위해 만든 요리로, 청대에 이르러 그 절정에 이룬 것이다. 베이징이 그 본고장으로 베이징요리라고도 한다. 궁정요리는 각지의 진귀하고 좋은 재료를 골라 쓰는 것이 기본이다. 그리고 가장 맛깔스러운 모양을 꾸미는 것이다. 역시 영양 면에서도 다른 어떤 요리보다 으뜸이다. 보기만 해도 황제들이 먹던 음식임을 알 수 있다.

쓰촨요리(四川料理) : 중국 내륙부의 쓰촨성(四川省), 구이저우성(貴州省), 후난성(湖南省) 등지에서 발달한 요리이다. 이곳은 내륙부의 분지이기 때문에 여름은 매우 덥다. 이 기후가 요리에 많은 영향을 주
어서 쉽게 부패하는 것을 막기 위해 향신료를 많이 사용한다는 것이 특징이다. 특히 매운 요리의 대명사격으로 고추, 후추, 마늘, 파 등이 많이 사용되어 느끼한 중국요리들 중에서 단연 한국 사람들의 입맛에 맞는 음식이라고 할 수 있다. 또 산악지대이기 때문에 재료를 소금으로 절이거나 말려서 보존하는 방법이 발달하였다. 대체로 신맛, 매운 맛, 톡 쏘는 맛 등이 주류를 이루고 있다고 보면 된다. 예를 들면 우리에게 가장 알려져 있는 쓰촨요리 중의 하나가 마파두부이다.

광둥요리(广东料理) : 중국 동남부에 있는 광둥성(广东省), 푸젠성(福建省), 광시성(广西省) 등지에서 주로 먹는 요리를 통칭하는데, 다시 세분하면 광저우요리, 차오저우(潮州)요리, 푸저우(福州)요리로 나뉜다.

그 중에서 모체는 차오저우요리이다. 중국에서도 가장 종류가 많은 것이 이 요리로, 재료는 4발 달린 짐승이면 무엇이든 된다고 할 정도이다. 특히 뱀이나 고양이 등 우리가 상식적으로 생각하지 못하는 것까지 요리의 재료가 된다. 뿐만 아니라 지리적 조건도 바다, 산, 강, 들판 등 다양하므로 곳곳에서 얻을 수 있는 다채로운 재료를 쓴다. 이곳은 특히 외국과의 교류도 많은 지역이라 쇠고기, 서양채소, 토마토케첩 등, 서양요리의 재료와 조미료를 받아들인 이국적인 요리도 발달해 있다는 것이 또 하나의 특징이다.

산동요리(山東料理) : 황허유역을 중심으로 발달한 요리로, 중국 북부지역에 유행하는 북방요리의 대표격이다. 산동성 안에 베이징이 있기 때문에 베이징요리는 이 산동요리를 기본으로 하여 발달했다. 열효율을 최대한 살려서 하  는 조리법이 특징이다. 즉 고온에서 단시간에 익혀야 하기 때문에 볶음요리가 많다. 황허유역은 고대 문명의 발상지로 공자나 맹자 등의 성인을 배출하여 그들의 영향을 많이 받은 것도 이 요리의 특징으로 공부채(孔府菜)라는 요리도 있다

정진요리(精進料理) : 수도하는 불교도들이 살생을 할 수 없었기 때문에 어류나 육류를 이용하지 않고 채소만을 이용하여 만든 요리이다. 육류를 이용하지 않고 버섯이나 기타 다른 채소를 이용하여 고기맛이 나도록 한 것이 특색이다. 정진요리는 다른 어떤 요리보다 요리사의 연구와 노력의 결과가 많이 들어갔다고 볼 수 있다. 맛은 대체로 담백한 것이 특징이다. 주로 사찰 내에 음식점이 있으며 가격은 조금 비싼 편이다.

약선요리(藥膳料理) : 각종 한방약의 재료로 쓰이는 것들을 요리에 사용하여 만든 건강식이다. 약선요리는 중국에서 기원전부터 전통적으로 내려오는 요리로 의식동원(医食同源)의 사상에서 유래한다. 그러나 약선요리는 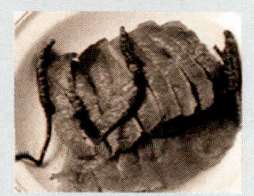 한방약처럼 사람의 몸에 어떤 효과를 단기간에 기대할 수는 없으며 단지 지속적으로 체질에 맞게 먹어야 한다. 다른 요리보다 좀더 다양한 재료를 사용한다.

UNIT 01 — Travel Chinese

식당 찾기 · 예약하기

유명한 레스토랑은 미리 가이드북 등에서 확인하거나 호텔 인포메이션에서 물어봅시다. 공항에서 탄 택시기사에게 물어보면 서민적이고 맛있는 레스토랑도 가르쳐 줄 것입니다. 거리에서 식사를 할 경우 영업시간에 주의해야 합니다. 밤에는 대개 9시가 지나면 문을 닫습니다. 노점이나 인기 있는 레스토랑은 예약을 하고 가는 게 좋겠습니다.

가장 가까운 _____ 식당은 어디입니까?

Where is the nearest _____ restaurant?

最近的 _____ **饭店在哪儿?**
zuì jìn de　　　　　　fàn diàn zài nǎ r

쭈이진더　　　　　　　판띠엔 짜이날

- ☐ 한국　　Korean　　**韩国**(hánguó)　　한궈
- ☐ 일본　　Japanese　**日本**(rìběn)　　　르번
- ☐ 중국　　Chinese　　**中国**(zhōngguó)　종궈
- ☐ 프랑스　French　　**法国**(fǎguó)　　　파궈

Q : 예약이 필요합니까?

Do we need a reservation?

需要预约?
xū yào yù yuē

쉬야오 위위에

A : 아니오. 그냥 오셔도 됩니다.

No, sir. Walk right in.

没关系。直接来也可以。
méi guān xi　　zhí jiē lái yě kě yǐ

메이꾸안시　　즈지에라이에 커이

130

식당을 찾을 때

☐ 이 근처에 맛있게 하는 음식점은 없습니까?
Is there a good restaurant around here?

这附近有特别好吃的饭店吗?
zhè fù jìn yǒu tè bié hǎo chī de fàn diàn má
저푸진 여우터삐에하오츠더판띠엔마

☐ 이곳에 한국 식당은 있습니까?
Do you have a Korean restaurant?

这里有韩国饭店吗?
zhè li yǒu hán guó fàn diàn má
저리 여우한궈판띠엔마

☐ 이 지방의 명물요리를 먹고 싶은데요.
I'd like to have a some local food.

我想吃这地方的特色菜。
wǒ xiǎng chī zhè dì fāng de tè sè cài
워시앙츠 저디팡더터서차이

☐ 음식을 맛있게 하는 가게가 있으면 가르쳐 주세요.
Could you recommend a popular restaurant?

如果有不错的餐厅请告诉我。
rú guǒ yǒu bù cuò de cān tīng qǐng gào sù wǒ
루꾸어여우뿌추오더찬팅 칭까오수워

☐ 싸고 맛있는 가게는 있습니까?
Do you know a nice, reasonably-priced restaurant?

有既便宜又好吃的店铺吗?
yǒu jì piàn yí yòu hǎo chī de diàn pū má
여우지삐엔이 여우하오츠더띠엔푸마

☐ 가볍게 식사를 하고 싶은데요.
I'd like to have a light meal.

想随便吃点东西。
xiǎng suí biàn chī diǎn dōng xi
시앙 수이삐엔츠띠엔뚱시

식사 · 식당찾기 · 예약하기

131

- 이 시간에 문을 연 가게는 있습니까?
  Is there a restaurant open at this time?

  这个时候有营业的店吗?
  zhè ge shí hòu yǒu yíng yè dè diàn má
  저거스허우 여우잉예더띠엔마

- (책을 보이며) 이 식당은 어디에 있습니까?
  Where is this restaurant?

  这个饭店在哪儿?
  zhè ge fàn diàn zài nǎ r
  저거판띠엔 자이날

- 이 지도 어디에 있습니까?
  Would you show me on this map?

  在这个地图的哪个位置?
  zài zhè ge dì tú dè nǎ gè wèi zhì
  자이저거디투더 나거웨이즈

- 걸어서 갈 수 있습니까?
  Can I get there on foot?

  能走着去吗?
  néng zǒu zhe qù má
  넝저우저취마

- 몇 시부터 엽니까?
  What time does it open?

  从几点开始?
  cóng jǐ diǎn kāi shǐ
  총지띠엔카이스

- 조용한 분위기의 레스토랑이 좋겠습니다.
  I'd like a quiet restaurant.

  喜欢安静的餐厅。
  xǐ huān ān jìng dè cān tīng
  시후안 안징더찬팅

□ 붐비는 레스토랑이 좋겠습니다.
I'd like a restaurant with a cheerful atmosphere.

喜欢热闹的餐厅。
xǐ huān rè nào de cān tīng

시후안 러나오더찬팅

□ 식당이 많은 곳은 어디입니까?
Where is the main area for restaurants?

饭店多的地方是哪儿?
fàn diàn duō de dì fang shì nǎ r

판띠엔뚸더디팡스날

□ 로마라는 이탈리아 식당을 아십니까?
Do you know an Italian restaurant called Roma?

知道叫罗马的意大利餐厅吗?
zhī dào jiào luó mǎ de yì dà lì cān tīng mǎ

즈따오 쟈오뤄마더이따리찬팅마

□ 이곳 사람들이 많이 가는 식당은 있습니까?
Are there any restaurant where mostly local people go?

有没有这个地方的人常去的饭店?
yǒu méi yǒu zhè gè dì fāng de rén cháng qù de fàn diàn

여우메이여우 저거디팡더런 창취더판띠엔

□ 예약이 필요한가요?
Do we need a reservation?

需要预定吗?
xū yào yù dìng mǎ

쉬야오 위딩마

식사

식당찾기 · 예약하기

식당 예약하기

□ **그 레스토랑을 예약해 주세요.**
Make a reservation for the restaurant, please.

请给我预约那个餐厅。
qǐng gěi wǒ yù yuē nà ge cān tīng
칭께이워위위에 나거찬팅

□ **여기서 예약할 수 있나요?**
Can we make a reservation here?

在这里可以预约吗?
zài zhè lǐ kě yǐ yù yuē má
짜이저리 커이위위에마

□ **오늘밤 예약하고 싶은데요.**
I'd like to make reservation for tonight.

想今天晚上预约。
xiǎng jīn tiān wǎnshàng yù yuē
시앙진티엔완상 위위에

□ **(주인) 손님은 몇 분이십니까?**
How large is your party?

几位客人?
jǐ wèi kè rén
지웨이커런

□ **오후 6시 반에 5명이 갑니다.**
Five persons ar 6:30 p.m.

下午六点半去五名。
xià wǔ liù diǎn bàn qù wǔ míng
샤우리우디엔빤 취우밍

□ **전원 같은 자리로 해 주세요.**
We'd like to have a table together.

我希望全体坐在一起。
wǒ xī wàngquán tǐ zuò zài yì qǐ
워시왕 취엔티쮀자이이치

❏ 거기는 어떻게 갑니까?
   How can I get there?

   那儿怎么去?
   nà r zěn me qù
   날 쩐머취

❏ (주인) 몇 시라면 좋으시겠습니까?
   What times are available?

   最好几点钟?
   zuì hǎo jǐ diǎnzhōng
   쭈이하오 지디엔종

❏ 몇 시라면 자리가 납니까?
   What time can we reserve a table?

   几点中有位子?
   jǐ diǎnzhōng yǒu wèi zi
   지디엔종 여우웨이즈

❏ 복장에 규제는 있습니까?
   Is there a dress code?

   服装有规定吗?
   fú zhuāng yǒu guī dìng mà
   푸주앙여우꾸이딩마

❏ 금연(흡연)석으로 부탁합니다.
   We'd like a non-smoking(smoking) table.

   我想定一个禁烟(吸烟)席的位子。
   wǒ xiǎngdìng yī ge jìn yān xī yān xí de wèi zi
   워시앙딩이거 진엔(씨엔)시더웨이즈

❏ 미안합니다. 예약을 취소하고 싶습니다.
   I'm sorry, but I want to cancel my reservation.

   对不起我想取消预定。
   duì bu qǐ wǒ xiǎng qǔ xiāo yù dìng
   뚜이부치 워시앙 취샤오위딩

식사

식당찾기 · 예약하기

UNIT 02

Travel Chinese

식사 주문

레스토랑에 들어설 때는 시간, 사람 숫자, 이름 등을 분명하게 말해야 합니다. 중국의 레스토랑에는 북경요리 광동요리 등 여러 가지 종류가 있지만 메뉴를 쓰는 법, 순서는 거의 비슷합니다. 전채는 冷盘 / 拼盘, 주음식은 主菜 해산물은 水产类 닭이 오리는 鸡鸭类, 육고기는 肉菜类, 야채요리는 素菜类, 수프 탕은 汤类, 면, 밥 정심은 面点이라는 말이 붙습니다.

[
_____ 을(를) 주세요.
_____ , please.
请给我 _____ 。
qǐng gěi wǒ

칭께이워
]

- 해삼요리   **海参类**(hǎicānlèi)   하이찬레이
- 북경오리구이   **北京烤鸭**(běijīngkǎoyā)   베이징카오야
- 국수   **面**(miàn)   미엔
- 김치   **泡菜**(pàocài)   파오차이

Q : 주문하시겠습니까?

Are you ready to order?

要点菜吗?
yào diǎn cài ma

야오띠엔차이마

A : 아직 정하지 않았습니다.

Not yet.

还没决定。
hái méi jué dìng

하이메이쥐에딩

➜ 자리에 앉을 때까지

☐ **안녕하세요. 예약은 하셨습니까?**
Good evening. Do you have a reservation?

您好，预约了吗?
nín hǎo   yù yuē le má
닌하오   위위에러마

☐ **6시에 예약한 홍길동입니다.**
My name is Kil-dong Hong. I have a reservation at six.

六点钟预约的洪吉童。
liù diǎnzhōng yù yuē dè hóng jí tóng
리우디엔종 위위에더 홍지통

☐ **예약을 하지 않았습니다.**
We don't have a reservation.

没有预约。
méi yǒu yù yuē
메이여우위위에

☐ **몇 분이십니까?**
How many in your party?

几位?
jǐ wèi
지웨이

☐ **안내해드릴 때까지 기다려 주십시오.**
Please wait to be seated.

请稍等，一会儿有人会来招呼您。
qǐngshāoděng yí huì r yǒu rén huì lái zhāo hū nín
칭사오덩   이후얼 여우런후이라이 자오후닌

☐ **조용한 안쪽 자리로 부탁합니다.**
We'd like to have a table in a quiet corner.

请给我里面安静的位子。
qǐng gěi wǒ lǐ miàn ān jìng dè wèi zi
칭께이워 리미엔안징더웨이즈

식사

식사 주문

✈ 메뉴를 볼 때

□ 메뉴 좀 보여 주세요.
May I see the menu?

请给我看菜单。
qǐng gěi wǒ kàn cài dān
칭께이워 칸차이딴

□ 한국어 메뉴는 있습니까?
Do you have a menu in Korean?

有韩国语菜单吗?
yǒu hán guó yǔ cài dān má
여우한궈위차이딴마

□ 메뉴에 대해서 가르쳐 주세요.
Would you help me with this menu?

对于这个菜单请给我介绍一下。
duì yú zhè ge cài dān qǐng gěi wǒ jiè shào yí xià
뚜이위저거차이딴 칭께이워 지에사오이샤

□ 이 지방의 명물요리는 있습니까?
Do you have any local dishes?

有这地方的特色料理吗?
yǒu zhè dì fāng dē tè sè liào lǐ má
여우저디팡더 터서랴오리마

□ 무엇을 권하시겠습니까?
What do you recommend?

要推荐什么?
yào tuī jiàn shén me
야오투이지엔선머

□ 나중에 다시 오실래요?
Could you come back later?

能请您再来一次吗?
néng qǐng nín zài lái yí cì má
넝칭닌 짜이라이이츠마

✈ 주문할 때

□ (웨이터) 주문하시겠습니까?
We are ready to order?

点什么菜?
diǎn shén me cài
디엔 선머차이

□ 잠깐 기다려 주세요.
We need a little more time.

请稍等。
qǐng shāo děng
칭사오덩

□ (웨이터를 부르며) 주문받으세요.
We need ready to order.

服务员, 点菜。
fú wù yuán   diǎn cài
푸우위엔   디엔차이

□ (웨이터) 술은 무엇으로 하시겠습니까?
What would you like to drink?

点什么酒?
diǎn shén me jiǔ
디엔 선머져우

□ 이것으로 부탁합니다.
I'll take this one.

我要点这个。
wǒ yào diǎn zhè ge
워야오 디엔저거

□ 여기서 잘하는 요리는 무엇입니까?
What is the specialty of the house?

这里的拿手好菜是什么?
zhè lǐ de ná shǒu hǎo cài shì shén me
저리더 나셔우하오차이 스선머

식사

식사 주문

- **오늘 특별 요리가 있습니까?**
  Do you have today's special?

  今天的特别料理是什么?
  jīn tiān de tè bié liào lǐ shì shén me
  진티엔더터삐에랴오리 스선머

- **(메뉴를 가리키며) 이것과 이것으로 주세요.**
  This and this, please.

  请给我这个和这个。
  qǐng gěi wǒ zhè ge hé zhè gè
  칭께이워저거 허저거

- **저도 같은 것으로 주세요.**
  I'll have the same.

  也请给我一样的。
  yě qǐng gěi wǒ yí yàng de
  예칭께이워 이양더

- **빨리 되는 것은 있습니까?**
  Do you have anything ready quickly?

  有快一点的吗?
  yǒu kuài yì diǎn de má
  여우콰이이디엔더마

- **저것과 같은 요리를 주시겠어요?**
  Can I have the same dish as that?

  能给我和那个一样的菜吗?
  néng gěi wǒ hé nà gè yí yàng de cài má
  넝께이워 허나거이양더차이마

- **빨리 됩니까?**
  Can I have it right away?

  快吗?
  kuài má
  콰이마

- 이것은 무슨 요리입니까?

  What kind of dish is this?

  这是什么菜?
  zhè shì shén me cài

  저스 선머차이

- 어떤 요리인지 설명해 주시겠어요?

  Can you explain this dish?

  能介绍一下这道菜吗?
  néng jiè shào yí xià zhè dào cài má

  넝지에사오이샤 저따오차이마

- 요리재료는 뭡니까?

  What are the ingredients?

  这道菜的原料是什么?
  zhè dào cài de yuán liào shì shén me

  저따오차이더위엔랴오 스선머

- 이건 맵습니까?

  Is this spicy?

  它辣吗?
  tā là má

  타라마

- (웨이터) 다른 주문은 없으십니까?

  Anything else?

  还需要别的菜吗?
  hái xū yào bié de cài má

  하이쉬야오 삐에더차이마

- 디저트는 어떻게 하시겠습니까?

  What would you like to have for dessert?

  想要什么餐后点心?
  xiǎng yào shén me cān hòu diǎn xīn

  시앙야오:선머 찬허우디엔신

식사

식사 주문

요리

중국요리	中国菜(zhōngguócài) [쭝궈차이]
한국요리	韩国菜(hánguócài) [한궈차이]
일본요리	日本菜(rìběncài) [르뻔차이]
양식	西餐(xīcān) [씨찬]
북경요리	北京菜(běijīngcài) [베이징차이]
사천요리	四川菜(sìchuāncài) [쓰추안차이]
상해요리	上海菜(shànghǎicài) [샹하이차이]
공동요리	广东菜(guǎngdōngcài) [꾸앙동차이]
식당	餐厅(cāntīng) [찬팅]

식사

아침밥	早饭(zǎofàn) [자오판]
점심밥	午饭(wǔfàn) [우판]
저녁밥	晚饭(wǎnfàn) [완판]
간식	点心(diǎnxīn) [디엔신]
간단한 식사	便餐(biàncān) [비엔찬]
스낵	小吃(xiǎochī) [샤오츠]
요리, 반찬	菜肴(càiyáo) [차이야오]
요리, 식사	餐(cān) [찬]
밤참, 야식	夜餐(yècān) [이에찬]
노점	摊子(tānzǐ) [탄즈]
식단, 메뉴	菜单(càidān) [차이딴]
냅킨	餐巾纸(cānjīnzhǐ) [찬진즈]

맛

맛있다	好吃(hǎochī) [하오츠]
맛없다	不好吃(bùhǎochī) [뿌하오츠]
향기롭다	香(xiāng) [시앙]
달다	甜(tián) [티엔]
쓰다	苦(kǔ) [쿠]
싱겁다	淡(dàn) [딴]
짜다	咸(xián) [시엔]
맵다	辣(là) [라]
시다	酸(suān) [쑤안]
비리다	腥(xīng) [싱]

조리

삶다	煮(zhǔ) [주]
약한 불로 삶다	炖(dùn) [뚠]
볶다	炒(chǎo) [차오]
강한 불로 빠르게 볶다	爆(bào) [빠오]
튀기다	炸(zhá) [자]
기름을 빼고 볶다	煎(jiān) [지엔]
가열하다	烧(shāo) [사오]
찌다	蒸(zhēng) [정]
무치다	拌(bàn) [반]
굽다	烤(kǎo) [카오]
양념장을 얹다	溜(liū) [리우]
삶아 양념장을 얹다	烩(huì) [후이]

중국요리

전채	拼盘(pīnpán) [핀판]
제비둥지요리	燕窝类(yànwōlèi) [이엔워레이]
상어지느러미	鱼翅类(yúchìlèi) [위츠레이]
전복요리	鲍鱼类(bàoyúlèi) [바오위레이]
해삼요리	海参类(hǎicānlèi) [하이찬레이]
새우요리	虾类(xiālèi) [샤레이]
게요리	蟹类(xièlèi) [시에레이]
닭요리	鸡类(jīlèi) [지레이]
오리요리	鸭类(yālèi) [야레이]
북경오리구이	北京烤鸭(běijīngkǎoyā) [베이징카오야]
돼지고기요리	猪肉类(zhūròulèi) [주러우레이]
소고기요리	牛肉类(niúròulèi) [니우러우레이]
생선요리	鱼类(yúlèi) [위레이]
생선찜	清蒸全鱼(qīngzhēngquányú) [칭정취엔위]
야채요리	蔬菜类(shūcàilèi) [수차이레이]
두부요리	豆腐类(dòufǔlèi) [더우푸레이]
수프류	汤类(tānglèi) [탕레이]
달걀요리	鸡蛋类(jīdànlèi) [지딴레이]
국수	面(miàn) [미엔]
김치	泡菜(pàocài) [파오차이]

UNIT 03 식사를 하면서

중국의 테이블 매너는 서양처럼 까다롭지 않고 맛있는 것이나 많이 나오는 것을 먹는 것이 어디까지나 기본입니다. 원탁이나 사각형 테이블에 8명이나 10명이 앉을 수 있으며, 입구에서 가장 먼 곳이 상석으로 주인(주객)이 거기에 앉고 요리가 나오면 주인(주객)으로 집으며, 처음에는 조금씩 집고 전원이 다 집으면 다음에는 좋아하는 것을 집어서 먹으면 됩니다.

[이봐요! _____ 좀 갖다 주시겠어요?
  Could I have some _____ , please?
  能给我 _____ **吗?**
  néng gěi wǒ   ma
  넝께이워   마]

☐ 소금   salt   **盐**(yán)   옌
☐ 후춧가루   pepper   **胡椒粉**(hújiāofěn)   후자오펀
☐ 간장   soybean sauce **醋**(cù)   추
☐ 설탕   sugar   **白糖**(báitáng)   빠이탕

Q: 여기요. 웨이터!
   Excuse me. Waiter!
   服务员, 这里。
   fú wù yuán zhè lǐ
   푸우위엔 저리

A: 네, 무슨 일입니까?
   Yes. Can I help you?
   有什么事吗?
   yǒu shén me shì ma
   여우선머스마

144

🛪 먹는 법·재료를 물을 때

❏ 먹는 법을 가르쳐 주시겠어요?
Could you tell me how to eat this?

能告诉我怎么吃吗?
néng gào su wǒ zěn mè chī má
넝까오수워 쩐머츠마

❏ 이건 어떻게 먹으면 됩니까?
How do I eat this?

这个怎么吃?
zhè gè zěn mè chī
저거쩐머츠

❏ 이 고기는 무엇입니까?
What kind of meat is this?

这肉是什么?
zhè ròu shì shén mè
저러우스선머

❏ 이것은 재료로 무엇을 사용한 겁니까?
What are the ingredients for this?

这个是拿什么作材料的?
zhè ge shì ná shén mè zuò cái liào de
저거스 나선머 쭤차이랴오더

🛪 필요한 것을 부탁할 때

❏ 빵을 좀더 주세요.
Can I have more bread?

请再给我点面包。
qǐng zài gěi wǒ diǎn miàn bāo
칭짜이께이워디엔 미엔빠오

❏ 디저트 메뉴는 있습니까?
Do you have a dessert menu?

有餐后点心菜谱吗?
yǒu cān hòu diǎn xīn cài pǔ má
여우찬허우디엔신 차이푸마

- 물 한 잔 주세요.
  I'd like a glass of water, please.

  请给我一杯水。
  qǐng gěi wǒ yì bēi shuǐ
  칭께이워 이뻬이수이

- 소금 좀 갖다 주시겠어요?
  Could I have some salt, please?

  能给我点盐吗?
  néng gěi wǒ diǎn yán mà
  넝께이워디엔 옌마

- 젓가락을 떨어뜨려버렸습니다.
  I dropped my chopsticks.

  筷子掉在地上了。
  kuài zi diào zài dì shàng le
  콰이즈땨오자이 디샹러

- 나이프(포크)를 떨어뜨려버렸습니다.
  I dropped my knife(fork).

  餐刀(叉子)掉了。
  cān dāo chā zi diào le
  찬따오(차즈)댜오러

- ~을 추가로 부탁합니다.
  I'd like to order some more~.

  请再加点。
  qǐng zài jiā diǎn
  칭짜이쟈디엔

✈ 디저트·식사를 마칠 때

- 디저트를 주세요.
  I'd like a dessert, please.

  请给我餐后点心。
  qǐng gěi wǒ cān hòu diǎn xīn
  칭께이워 찬허우디엔신

□ **디저트는 뭐가 있나요?**
  What do you have for dessert?

  餐后甜品有什么?
  cān hòu tián pǐn yǒu shén me
  찬허우티엔핀 여우선머

□ **(디저트를 권할 때) 아뇨, 됐습니다.**
  No, thank you.

  不,谢谢。
  bù   xiè xie
  뿌   시에시에

□ **이걸 치워주시겠어요?**
  Could you please take this away?

  能收拾一下这个吗?
  néng shōu shí yí xià zhè ge má
  넝셔우스이샤 저거마

□ **(맛은) 어떠십니까?**
  Is everything all right?

  味道怎么样?
  wèi dao zěn me yàng
  웨이따오 쩐머양

□ **맛있는데요!**
  This is good!

  很好吃。
  hěn hǎo chī
  헌하오츠

□ **(동석한 사람에게) 담배를 피워도 되겠습니까?**
  May I smoke?

  可以抽烟吗?
  kě yǐ chōu yān má
  커이 처우이엔마

UNIT 04 Travel Chinese

술집에서

연회는 중국의 의례문화의 일면을 엿볼 수 있는 좋은 기회입니다. 정식의 연회에서는 좌석이 정해져 있으므로 자신의 이름을 찾아서 착석합니다. 식사에 들어가면 주인이 좌우 손님에게 음식을 나눠 줍니다. 만약 손님이 주인에게 나눠 준다면 그것은 예의에 어긋납니다. 중국의 술은 독한 것이 많으므로 권유를 받아도 너무 무리하지 말고 적당량을 마십시다.

[
_____ 을(를) 주시겠어요?

May I have a _____, please?

能给我 _____ **吗?**
néng gěi wǒ　　　　　　　mǎ

넝께이워　　　　　　　　마
]

☐ 고량주	gaoliangjiu	**高粮酒**(gāoliángjiǔ)	까오리앙져우
☐ 와인	wine	**葡萄酒**(pútáojiǔ)	푸타오져우
☐ 생맥주	beer	**啤酒**(píjiǔ)	피져우
☐ 마오타이	maotai	**茅台**(máotái)	마오타이

Q: 와인은 어떠십니까?

Would you care for wine?

葡萄酒怎么样?
pú táo jiǔ zěn me yàng

푸타오져우 쩐머양

A: 와인 목록은 있습니까?

Do you have a wine list?

有葡萄酒菜单吗?
yǒu pú táo jiǔ cài dān má

여우푸타오져우차이딴마

148

술을 주문할 때

☐ **이 요리에는 어느 와인이 어울립니까?**
Which wine goes with this dish?

这个菜配什么葡萄酒好?
zhè ge cài pèi shén me pú táo jiǔ hǎo
저거차이 페이선머푸타오져우하오

☐ **글라스로 주문됩니까?**
Can I order it by the glass?

可以按杯预约吗?
kě yǐ àn bēi yù yuē má
커이 안뻬이위위에마

☐ **레드와인을 한 잔 주세요.**
I'd like a glass of red wine.

给我一杯红酒。
gěi wǒ yí bēi hóng jiǔ
께이워이뻬이 홍져우

☐ **생맥주는 있습니까?**
Do you have a draft beer?

有扎啤吗?
yǒu zhá pí má
여우자피마

☐ **식사하기 전에 무슨 마실 것을 드릴까요?**
Would you care for something to drink before dinner?

用餐之前需要喝什么饮料?
yòng cān zhī qián xū yào hē shén me yǐn liào
융찬즈치엔 쉬야오 허선머인랴오

☐ **이 지방의 독특한 술입니까?**
Is it a local alcohol?

是这地方的特色酒吗?
shì zhè dì fang de tè sè jiǔ má
스 저디팡더 터서져우마

식사

술집에서

- 어떤 맥주가 있습니까?
  What kind of beer do you have?

  都有什么啤酒?
  dōu yǒu shén me pí jiǔ
  떠우여우 선머피져우

- (웨이터) 음료는 어떻게 하시겠습니까?
  Anything to drink?

  需要什么饮料?
  xū yào shén me yǐn liào
  쉬야오 선머인랴오

- 물만 주시겠어요?
  Can I just have water, please?

  能给我水吗?
  néng gěi wǒ shuǐ má
  넝께이워 수이마

- 무슨 먹을 것은 없습니까?
  Do you have something to eat?

  有什么能吃的吗?
  yǒu shén me néng chī de má
  여우선머 넝츠더마

- 어떤 술입니까?
  What kind of alcohol is it?

  是什么酒?
  shì shén me jiǔ
  스 선머져우

- 가벼운 술이 좋겠습니다.
  I'd like a light alcohol.

  需要轻一点的酒。
  xū yào qīng yì diǎn de jiǔ
  쉬야오 칭이디엔더져우

✈ 술을 마실 때

☐ 맥주가 별로 차갑지 않네요.
The beer isn't cool enough.

啤酒不凉。
pí jiǔ bú liáng
피저우 뿌량

☐ 건배!
Cheers!

干杯!
gān bēi
깐뻬이

☐ 한 잔 더 주세요.
Another one, please.

请再给一杯。
qǐng zài gěi yì bēi
칭자이게이 이뻬이

☐ 한 병 더 주세요.
May I have another one?

请再来一瓶。
qǐng zài lái yì píng
칭짜이라이 이핑

☐ 생수 좀 주세요.
I'll have a mineral water.

请来一瓶矿泉水。
qǐng lái yì píngkuàngquánshuǐ
칭라이이핑 쿠앙취엔수이

☐ 제가 내겠습니다.
It's on me, please.

我请客。
wǒ qǐng kè
워칭커

식사 술집에서

UNIT 05 — Travel Chinese

식당에서의 트러블

테이블에 앉을 때는 오른손으로 의자를 잡아당겨 왼쪽에서 앉습니다. 테이블에는 각 담당의 웨이터가 정해져 있으므로 무언가를 부탁하거나 식사 중에 문제가 발생하면 먼저 담당 웨이터(服务员)를 부릅니다. 식사 중에 나이프나 포크를 떨어뜨렸으면 자신이 줍지 말고 웨이터를 불러 다시 가져오도록 합니다.

[
이건 너무 _____.
I think this is a little too _____.
这个太 _____。
zhè gè tài
저거타이
]

- ☐ 짭니다   salty   **咸**(xián)   시엔
- ☐ 답니다   sweet   **甜**(tián)   티엔
- ☐ 맵습니다   hot   **辣**(là)   라
- ☐ 싱겁습니다   sour   **淡**(dàn)   딴

Q : 이건 주문하지 않았는데요.
I didn't order this.
这个没有点。
zhè ge méi yǒu diǎn
저거 메이여우디엔

A : 아, 그렇습니까?
You didn't, sir?
啊, 是吗?
à   shì mǎ
아 스마

✈ 요리가 늦게 나올 때

□ 주문한 게 아직 안 나왔습니다.
My order hasn't come yet.

点的菜还没出来。
diǎn de cài hái méi chū lái
디엔더차이 하이메이추라이

□ 어느 정도 기다려야 합니까?
How long do we have to wait?

还得等多长时间?
hái děi děng duō cháng shí jiān
하이떼이덩 뚸창스지엔

□ 아직 시간이 많이 걸립니까?
Will it take much longer?

还得等很长时间吗?
hái děi děng hěn cháng shí jiān má
하이떼이덩 헌창스지엔마

□ 조금 서둘러 주겠어요?
Would you rush my order?

能快点吗?
néng kuài diǎn má
넝 콰이디엔마

□ 벌써 30분이나 기다리고 있습니다.
I've been waiting for thirty minutes.

都已经等三十分钟了。
dōu yǐ jīng děng sān shí fēn zhōng le
떠우이징덩 산스펀종러

□ 커피를 두 잔 부탁했는데요.
I ordered two cups of coffee.

要了两杯咖啡。
yào le liǎng bēi kā fēi
야오러 리앙뻬이카페이

식사 식당에서의 트러블

주문을 취소하거나 바꿀 때

- 이건 주문하지 않았는데요.
  I don't think I ordered this.

  没点这个菜。
  méi diǎn zhè ge cài
  메이디엔 저거차이

- 주문을 확인해 주겠어요?
  Can you please check my order?

  能确认一下点的菜吗?
  néng què rèn yí xià diǎn de cài má
  넝취에런이샤 디엔더차이마

- 주문을 취소하고 싶은데요.
  I want to cancel my order.

  想取消所点的。
  xiǎng qǔ xiāo suǒ diǎn de
  시앙취샤오 쒀디엔더

- 주문을 바꿔도 되겠습니까?
  Can I change my order?

  能换一下所点的菜吗?
  néng huàn yí xià suǒ diǎn de cài má
  넝후안이샤 쒀띠엔더차이마

- 글라스가 더럽습니다.
  The glass isn't clean.

  杯子脏。
  bēi zǐ zàng
  뻬이즈장

- 새 것으로 바꿔 주세요.
  Please change this for new one.

  请给我换新的。
  qǐng gěi wǒ huàn xīn de
  칭께이워 후안신더

요리에 문제가 있을 때

☐ 수프에 뭐가 들어있습니다.
There's something in the soup.

汤里有什么东西。
tāng lǐ yǒu shén me dōng xī
탕리 여우선머뚱시

☐ 요리가 덜 된 것 같네요.
This is not cooked enough.

菜没熟。
cài méi shú
차이메이수

☐ 이 스테이크는 너무 구워졌어요.
I think this steak is overdone.

牛排烤的太熟了。
niú pái kǎo dè tài shú le
니우파이카오더 타이수러

☐ 홍차가 식었습니다.
This isn't hot enough.

红茶冷了。
hóng chá lěng le
홍차 렁러

☐ 이 요리를 데워 주세요.
Please warm this dish up.

请热一下这个菜。
qǐng rè yí xià zhè ge cài
칭러이샤 저거차이

☐ 너무 많아서 먹을 수 없습니다.
It is more than I can eat.

太多了，吃不完。
tài duō le　chī bù wán
타이뚸러　츠뿌완

식사 식당에서의 트러블

UNIT 06 패스트푸드점에서

패스트푸드는 레스토랑보다도 훨씬 간편하게 이용할 수 있습니다. 그 자리에서 만들어주는 샌드위치나 핫도그, 포테이토칩 등은 시간이 없을 때 간단히 먹을 수 있는 것들입니다. 그 자리에서 먹을 때는 在这里吃(짜이저리츠)°라고 하고, 가지고 나갈 때는 带走(따이쩌우)°라고 하면 됩니다.

_____ 와(과) 미디엄 콜라 주세요.

_____ and a medium coke, please.

请给我 **和中杯可乐。**
qǐng gěi wǒ　　hé zhōng bēi kě lè

칭게이워　　　 허종뻬이커러

☐ 햄버거	hamburger	汉宝(hànbǎo)	한빠오
☐ 포테이토	French fries	炸薯条(zhàshǔtiáo)	자수탸오
☐ 피자	pizza	比萨(bǐsā)	삐싸
☐ 프라이드치킨	fried chicken	炸鸡(zhùjī)	자찌

Q : 여기서 드시겠습니까, 아니면 포장을 해드릴까요?

For here or to go?

在这吃还是打包?
zài zhè chī hái shì dǎ bāo

짜이저츠 하이스따빠오

A : 포장 해 주세요.

To go. (Take out.)

请给我打包。
qǐng gěi wǒ dǎ bāo

칭게이워 따빠오

패스트푸드를 주문할 때

□ 이 근처에 패스트푸드점은 있습니까?
Is there a fastfood store around here?

这附近有快餐店吗?
zhè fù jìn yǒu kuài cān diàn má
저푸진 여우콰이찬띠엔마

□ 햄버거하고 커피 주시겠어요?
Can I have a hamburger and a coffee, please?

请给我汉宝和咖啡。
qǐng gěi wǒ hàn bǎo hé kā fēi
칭께이워 한빠오허카페이

□ 겨자를 (많이) 발라 주세요.
With (a lot of) mustard, please.

请多给我抹点芥末。
qǐng duō gěi wǒ mǒ diǎn jiè mò
칭뚸께이워 모띠엔지에모

□ 어디서 주문합니까?
Where do I order?

在哪定餐?
zài nǎ dìng cān
짜이나 딩찬

□ 2번 세트로 주세요.
I'll take the number two combo.

请给我二号套餐。
qǐng gěi wǒ èr hào tào cān
칭께이워 얼하오타오찬

□ 어느 사이즈로 하시겠습니까?
Which size would you like?

请问要多大尺码的?
qǐng wèn yào duō dà chǐ mǎ de
칭원 야오뚸다츠마더

식사

패스트푸드점에서

- **L(M/S) 사이즈를 주세요.**
  Large(Medium/Small), please.

  请给我L(M/S)号的。
  qǐng gěi wǒ hào de
  칭께이워 L(M/S)하오더

- **마요네즈는 바르겠습니까?**
  Would you like mayonnaise?

  需要抹蛋黄酱吗?
  xū yào mǒ dàn huáng jiàng má
  쉬야오모 단후앙지앙마

- **아니오, 됐습니다.**
  No, thank you.

  不用了。
  bú yòng le
  뿌용러

- **이것을 주세요.**
  I'll try it.

  请给我这个。
  qǐng gěi wǒ zhè ge
  칭께이워 저거

- **샌드위치를 주세요.**
  A sandwich, please.

  请给我三明治。
  qǐng gěi wǒ sān míng zhì
  칭께이워 산밍즈

- **케첩을 주세요.**
  With ketchup, please.

  请给我蕃茄酱。
  qǐng gěi wǒ fān qié jiàng
  칭께이워 판치에지앙

❏ (재료를 가리키며) 이것을 샌드위치에 넣어 주세요.
　Put this in the sandwich, please.

请把这个放进三明治里。
qǐng bǎ zhè ge fàng jìn sān míng zhì lǐ
칭빠저거 팡진 산밍즈리

✈ 주문을 마칠 때

❏ (주문은) 전부입니다.
　That's all.

这是全部。
zhè shì quán bù
저스 취엔뿌

❏ 여기서 드시겠습니까, 아니면 가지고 가실 겁니까?
　For here or to go?

在这里吃还是带走?
zài zhè lǐ chī hái shì dài zǒu
짜이저리츠 하이스따이저우

❏ 여기서 먹겠습니다.
　I'll eat here.

在这里吃。
zài zhè lǐ chī
짜이저리 츠

❏ 가지고 갈 거예요.
　To go(Take out), please.

带走。
dài zǒu
따이저우

❏ 이 자리에 앉아도 되겠습니까?
　Can I sit here?

可以坐这个位置吗?
kě yǐ zuò zhè ge wèi zhì ma
커이쭤 저거 웨이즈마

패스트푸드 快餐(kuàicān) 콰이찬

햄버거
hamburger
汉堡(hànbǎo)
한빠오

핫도그
hot dog
热狗(règǒu)
러꺼우

피자
pizza
皮杂饼(pízábǐng)
피자빙

프라이드 포테이토
French fries
炸薯条(zhàshǔtiáo)
자수탸오

프라이드 치킨
fried chicken
炸鸡(zhàjī)
자찌

도넛
doughnut
炸面饼圈
(zhámiànbǐngquān)
자미엔삥취엔

아이스크림
ice cream
冰淇淋(bīngqílín)
빙치린

비스킷
biscuit
饼干(bǐnggān)
빙깐

샐러드
salad
色拉(sèlā)
써라

샌드위치
sandwich
三明治
(sānmíngzhì)
산밍즈

조미료 调料(tiáoliào) 탸오랴오

케첩(ketchup)
番茄酱
(fānqiéjiàng)
판치에지앙

후추(pepper)
胡椒(hújiāo)
후쟈오

간장(soy sauce)
酱油(jiàngyóu)
지앙여우

설탕(sugar)
糖(táng)
탕

소금(salt)
盐(yán)
이엔

버터(butter)
白塔油(báitǎyóu)
바이타여우

마가린(margarine)
人造黄油
(rénzàohuángyóu)
런짜오후앙여우

음료 饮料(yǐnliào) 인랴오

커피(coffee)
咖啡(kāfēi)
카페이

주스(juice)
果汁(guǒzhī)
꾸어즈

뜨거운 물
热水(rèshuǐ)
러수이

차(tea)
红茶(hóngchá)
홍차

우유(milk)
牛奶(niúnǎi)
니우나이

콜라(coke)
可乐(kělè)
커러

(뜨거운) 초콜릿
(chocolate)
巧克力(qiǎokèlì)
챠오커리

UNIT 07 식비·술값 계산

식사가 끝나면 손을 들어 服务员(푸우위엔)을 불러 계산서를 가지고 오도록 부탁합니다. 자리에 앉은 채로 계산서에 요금을 넣어 服务员에게 건낼 경우와 계산대에서 하는 경우가 있습니다. 호텔 안의 레스토랑에서는 10 퍼센트 전후의 봉사료가 청구되는 곳도 있으므로 별도의 팁은 필요가 없습니다.

[
_____ 은(는) 포함되어 있나요?

Is _____ included?

包含在内吗?
bāo hán zài nèi má

빠오한짜이네이마
]

- ☐ 봉사료　service charge　**服务费**(fúwùfèi)　푸우페이
- ☐ 팁　the tip　**小费**(xiǎofèi)　샤오페이
- ☐ 차값　coffee charge　**茶钱**(cháqián)　차치엔
- ☐ 자릿세　seat charge　**座位费**(zuòwèifèi)　쭈오웨이페이

Q : 더 필요하신 게 있습니까?

Can I get you anything else?

还需要别的吗?
hái xū yào bié dè má

하이쉬야오 삐에더마

A : 계산을 부탁합니다.

Just the bill, please.

请结帐。
qǐng jié zhàng

칭 지에장

지불방법을 말할 때

☐ 매우 맛있었습니다.
It was very good.

非常好吃。
fēi cháng hǎo chī
페이창 하오츠

☐ 여기서 지불할 수 있나요?
Can I pay here?

可以在这儿支付吗?
kě yǐ zài zhè r zhī fù má
커이 짜이절 즈푸마

☐ 어디서 지불하나요?
Where shall I pay the bill?

在哪儿支付?
zài nǎ r zhī fù
짜이날 즈푸

☐ 따로따로 지불하고 싶은데요.
Separate checks, please.

想分开支付。
xiǎng fēn kāi zhī fù
시앙펀카이 즈푸

☐ 제가 모두 내겠습니다.
I'll take care of the bill.

都让我付吧。
dōu ràng wǒ fù bā
떠우랑워푸바

☐ 제 몫은 얼마인가요?
How much is my share?

我的份是多少?
wǒ de fèn shì duō shǎo
워더펀 스뚸사오

식사

식비·술값 계산

☐ 팁은 포함되어 있습니까?
Is the tip included?

包含小费吗?
bāo hán xiǎo fèi má
빠오한 샤오페이마

☐ 제가 내겠습니다.
It's on me.

我付。
wǒ fù
워푸

☐ 신용카드도 받나요?
Do you accept credit cards?

信用卡可以吗?
xìn yòng kǎ kě yǐ má
신용카 커이마

☐ 현금으로 낼게요.
I'd like to pay in cash.

我付现金。
wǒ fù xiàn jīn
워푸 시엔진

→ 계산할 때

☐ 계산해 주세요.
Check, please.

请结帐。
qǐng jié zhàng
칭 지에장

☐ 전부해서 얼마입니까?
How much is it altogether?

全部多少钱?
quán bù duō shǎoqián
취엔뿌 뚸사오치엔

❏ 이 요금은 무엇입니까?
What's this charge for?

这个费用是什么?
zhè ge fèi yòng shì shén me
저거페이용 스선머

❏ 계산서를 나눠 주시겠어요?
Could we have separate checks?

请把账单分给我们。
qǐng bǎ zhàng dān fēn gěi wǒ men
칭빠장딴 펀께이워먼

❏ 계산이 틀린 것 같습니다.
I'm afraid the check is wrong.

好象计算错了。
hǎo xiàng jì suàn cuò le
하오시앙 지수안춰러

❏ 봉사료는 포함되어 있습니까?
Is it including the service charge?

服务费包含在内吗?
fú wù fèi bāo hán zài nèi má
푸우페이 빠오한 짜이네이마

❏ 영수증을 주세요.
May I have the receipt, please?

请给我收据。
qǐng gěi wǒ shōu jù
칭께이워 셔우쥐

❏ 거스름돈이 틀린 것 같은데요.
I think you gave me the wrong change.

零钱好象找错了。
líng qián hǎo xiàng zhǎo cuò le
링치엔 하오시앙 자오춰러

패스트푸드 · 양식

패스트푸드	快餐(kuàicān) [콰이찬]
햄버거	汉堡包(hànbǎobāo) [한빠오바오]
샌드위치	三明治(sānmíngzhì) [싼밍즈]
감자튀김	炸薯条(zhàshǔtiáo) [쟈오수탸오]
핫도그	热狗(règǒu) [러꺼우]
빵	面包(miànbāo) [미엔빠오]
토스트	烤面包(kǎomiànbāo) [카오미엔빠오]
샐러드	沙拉子(shālāzǐ) [사라즈]
햄	火腿(huǒtuǐ) [휘투이]
돈가스	炸猪排(zhàzhūpái) [자주파이]
비프스테이크	炸牛排(zhàniúpái) [쟈니우파이]

음료(차)와 술

물	水(shuǐ) [수이]
끓인 물	开水(kāishuǐ) [카이수이]
식힌 물	凉开水(liángkāishuǐ) [리앙카이수이]
냉수	冷水(lěngshuǐ) [렁수이]
커피	咖啡(kāfēi) [카페이]
아이스커피	冰咖啡(bīngkāfēi) [삥카페이]
콜라	可乐(kělè) [커러]
사이다	汽水(qìshuǐ) [치수이]
우유	牛奶(niúnǎi) [니우나이]
주스	果汁(guǒzhī) [궈즈]
우롱차	乌龙茶(wūlóngchá) [우룽챠]
녹차	绿茶(lǜchá) [뤼챠]
홍차	红茶(hóngchá) [훙챠]
맥주	啤酒(píjiǔ) [피져우]
생맥주	鲜啤酒(xiānpíjiǔ) [씨엔피져우]
위스키	威士忌(wēishìjì) [웨이스지]
마오타이주	毛台酒(máotáijiǔ) [마오타이져우]
포도주	葡萄酒(pútáojiǔ) [푸타오져우]
샴페인	香槟酒(xiāngbīnjiǔ) [시앙삔져우]
칵테일	鸡尾酒(jīwěijiǔ) [지웨이져우]
소주	烧酒(shāojiǔ) [사오져우]

PART 5

교통

길을 물을 때
택시를 이용할 때
버스를 이용할 때
지하철을 이용할 때
열차를 이용할 때
비행기를 이용할 때
렌터카 · 렌터사이클
차를 운전할 때

Travel Information

교통에 관한 정보

택시를 이용할 때 주의 할 점

- 현지 사람에게 어디까지 얼마인가를 묻는다. 일반적으로 km당 가격이 오르므로 소요되는 요금은 비슷하므로 차이가 많이 나면 돌아온다.
- 신분증명서가 없는 택시는 타지를 않는다.
- 고급호텔의 앞에서 타도록 한다.
- 중국은 야간에는 조수석 앞에 앉지를 못하므로 뒤에 앉는다. 보통 야간에는 친구나 부인을 조수석에 앉히고 영업을 하는데 이런 차량은 가능한 한 타지 않도록 한다.
- 역이나 터미널 앞에 정차하여 있는 택시는 타지 않는다.
- 미터기를 반드시 꺾게 만든다.
- 목적지를 중국어로 말하고 노정을 이야기 한다.
- 목적지를 말하고 운전수로부터 확인을 받는다. 중국어로 '쯔다오마(知道吗)?'라고 물어보면 된다.
- 높은 요금을 요구할 경우 택시회사 전화번호나 운전수의 신분증명서의 번호를 적는 체한다. 일반적으로 중국은 면허증을 따기가 매우 어렵다. 택시 운전수들은 면허를 취소당하면 타격이 크므로 두려워한다.

시내버스

일반버스와 전차(无轨电车), 소형버스(小公共汽车)가 있다. 여러 개의 노선이 북경 시내 구석구석을 운행하며 노선안내도는 호텔이나 역, 터미널의 매점에서 구할 수 있다. 정류장에 정차 버스의 번호가 적혀 있으므로 확인한다. 승차 후 차장에게 행선지를 말하고 요금을 지불하면 차표를 준다. 요금은 거리마다 다르다.

✈ 열차 이용하기

중국의 철도는 중국을 여행하기에 매우 중요한 역할을 하고 있으며, 총길이가 약 5만 2천 킬로미터로 지구를 한 바퀴 돌고도 남짓한 거리이다. 비록 소요시간은 비행기보다 늦지만, 일반 대중들로부터 많은 사랑을 받고 있다.

◇ 열차의 번호와 종류

2000년 10월에 열차의 속도를 가속하면서 중국은 열차에 대한 열차 번호와 열차의 종류를 새롭게 분류하여 발표하였다.

이전의 准高速, 快速, 旅游, 特快, 直通, 管內등 12종류의 유형에서 特快, 快速, 普通의 3종류로 분류하였으며, 그 중 普通을 다시 둘로 나누어 普快와 普慢으로 나누었다.

◇ 열차 좌석의 종류

중국은 한 열차 안에 좌석의 종류에 따라 4개로 분류하고 가격도 또한 다르다.

롼워(软卧) - 푹신푹신한 침대
잉워(硬卧) - 딱딱한 침대
롼쭤(软座) - 푹신푹신한 좌석
잉쭤(硬座) - 딱딱한 좌석

◇ 표 구하기

일반적으로 침대칸의 열차표가 좌석표에 비하여 구하기가 어렵다. 먼저 구하고자 하는 열차의 번호와 구간, 시간, 좌석의 종류, 구매수를 정한 후에 메모지에 적어서 창구에 내면된다. 예를 들면 북경에서 서안으로 가는 열차표를 구하고자 할 때는 다음과 같이 메모지에 적으면 된다.

T41(北京西 - 西安) 硬卧 2 张

◇ 침대칸 탑승

침대칸에 탑승하려면 승무원에게 표를 주고, 잉워는 쇠막대로, 롼워는 플라스틱 막대로 교환을 한 후에 본인의 침대로 찾아가서 휴식하면 된다. 롼워의 경우 열차가 출발하고 나면 승무원이 들어와 인적사항을 적어간다. 안선을 위해서란다. 내릴 때는 막대와 표를 다시 교환하여야 한다.

UNIT 01

길을 물을 때

길을 물을 때는 길을 걷는 사람이나 근처의 가게 사람에게 가볍게 물어봅시다. 중국어는 우리말에 비해 템포가 빨라서 좀처럼 알아듣기 힘들므로 가능하면 지도를 손으로 가리켜 물어보는 것이 좋을 것입니다. 말을 걸 때는 '여쭙겠습니다' '请问(칭원)', 알아들었으면 '감사합니다' '谢谢(씨에씨에)' 라고 인사를 하는 것도 잊지 맙시다.

이 지도에서 _____ 은(는) 어디입니까?

Where is _____ on this map?

在这地图上的哪个位置?
zài zhè dì tú shàng de nǎ gè wèi zhì

짜이저디투상더나거웨이즈

한국어	영어	중국어	발음
☐ 여기	this place	这里 (zhèlǐ)	저리
☐ 은행	the bank	银行 (yínháng)	인항
☐ 백화점	the department store	百货商店 (bǎihuòshāngdiàn)	빠이훠상띠엔
☐ 미술관	the art museum	美术馆 (měishùguǎn)	메이수꾸안

Q : 차이나타운으로 가는 길을 가르쳐 주시겠어요?

Please tell me how to get to Tiananmen?

请问天安门怎么走?
qǐng wèn tiān ān mén zěn me zǒu

칭원 티엔안먼 쩐머쩌우

A : 저기입니다.

It's over there.

在那里。
zài nà lǐ

짜이나리

길을 물을 때

□ 저, 실례합니다!
Excuse me!

打饶了。
dǎ ráo le
따라오러

□ (지도를 가리키며) 여기는 어디에 있습니까?
Where are we now?

这个地方在哪里?
zhè ge dì fāng zài nǎ lǐ
저거디팡 짜이나리

□ 실례합니다. 잠깐 여쭙겠습니다.
Excuse me. I have a question.

对不起, 请问一下。
duì bù qǐ qǐng wèn yí xià
뚜이부치 칭원이샤

□ 백화점은 어디에 있습니까?
Where's the department store?

百货商店在哪里?
bǎi huò shāngdiàn zài nǎ lǐ
빠이훠샹띠엔 짜이나리

□ 여기는 무슨 거리입니까?
What street is this?

这里是什么街?
zhè lǐ shì shén me jiē
저리스 선머지에

□ 곧장 가십시오.
Go straight.

请简直走。
qǐng jiǎn zhí zǒu
칭지엔즈쩌우

□ 저기서 오른쪽으로 도세요.
Turn right there.

在那里往右拐。
zài nà lǐ wǎng yòu guǎi

짜이나리 왕여우꽈이

□ 걸어서 몇 분 걸립니까?
How many minutes by walking.

走着去几分中?
zǒu zhe qù jǐ fēn zhōng

쩌우저취 지펀종

□ 박물관에는 어떻게 가면 됩니까?
How can I get to the museum?

博物馆怎么去?
bó wù guǎn zěn me qù

보우꾸안 쩐머취

□ 역으로 가는 길을 가르쳐 주십시오.
Please tell me the way to the station.

车站怎么去?
chē zhàn zěn me qù

처잔 쩐머취

□ 여기서 가깝습니까?
Is it near here?

离这里近吗?
lí zhè lǐ jìn má

리저리 찐마

□ 여기서 멉니까?
Is it far here?

离这里远吗?
lí zhè lǐ yuǎn má

리저리 위엔마

❏ 거기까지 걸어서 갈 수 있습니까?
　Can I walk there?

　能走去那里吗?
　néng zǒu qù nà lǐ má
　넝 저우취나리마

❏ 거기까지 버스로 갈 수 있습니까?
　Can I get there by bus?

　到那里能坐公共汽车吗?
　dào nà lǐ néng zuò gōnggòng qì chē má
　따오나리 넝쩌 꽁공치처마

❏ 거기에 가려면 택시밖에 없나요?
　Is a taxi the only way to get there?

　只有出租汽车到吗?
　zhǐ yǒu chū zū qì chē dào má
　즈여우 추주치처 따오마

❏ 거기까지 어느 정도 시간이 걸립니까?
　How long does it take?

　到那里得多长时间?
　dào nà lǐ děi duō cháng shí jiān
　따오나리 데이 뚸창스지엔

❏ 이 주위에 지하철역이 있습니까?
　Is there a subway station around here?

　这附近有地铁吗?
　zhè fù jìn yǒu dì tiě má
　저푸진여우 디티에마

❏ 지도에 표시해 주시겠습니까?
　Would you mark it, please.

　能在地图上标一下吗?
　néng zài dì tú shàng biāo yí xià má
　넝짜이 디투상 빠오이샤마

교통

길을 물을 때

✈ 길을 잃었을 때

❏ **실례합니다! 여기는 무슨 거리입니까?**
Excuse me! What's this street?

对不起，这是什么街?
duì bù qī zhè shì shén mé jiē
뚜이부치 저스 선머지에

❏ **길을 잃었습니다.**
I got lost on my way.

我迷路了。
wǒ mí lù le
워미루러

❏ **어디에 갑니까?**
Where are you going?

去哪里?
qù nǎ lǐ
취나리

❏ **위화원으로 가는 길입니다.**
We're going to China Town.

这是去颐和圆的路。
zhè shì qù yí hé yuán de lù
저스취 이허위엔더루

❏ **이 길이 아닙니까?**
Am I on the wrong street?

不是这条路。
bù shì zhè tiáo lù
뿌스 저타오루

❏ **친절 베풀어 주셔서 감사합니다.**
It's very kind of you. Thank you.

谢谢你那么亲切。
xiè xie nǐ nà me qīn qiē
씨에씨에니 나머친치에

길을 물어올 때

□ 미안합니다. 잘 모르겠습니다.
I'm sorry. I don't know.

对不起，不太清楚。
duì bù qǐ　bù tài qīng chǔ
뚜이부치　뿌타이칭추

□ 저는 여행자입니다.
I'm a tourist.

我是来旅行的。
wǒ shì lái lǚ xíng de
워스 라이뤼싱더

□ 저도 잘 모릅니다.
I'm not sure myself.

我也不清楚。
wǒ yě bù qīng chǔ
워예 뿌칭추

□ 다른 사람에게 물어보십시오.
Please ask someone else.

请问别人吧。
qǐng wèn bié rén bā
칭원 삐에런바

□ 저 사람에게 물어 보십시오.
Ask the man over there.

请问那个人。
qǐng wèn nà ge rén
칭원 나거런

□ 지도를 가지고 있습니까?
Do you have a map?

有地图吗?
yǒu dì tú mǎ
여우 디투마

UNIT 02

택시를 이용할 때

주의할 점은 중국의 택시(出租汽车)는 외국인에 바가지를 씌우기로 전세계에서도 유명하므로 택시를 타기 전에는 미리 행선지와 이용요금 등을 정확히 흥정해 두어야만 합니다. 그리고 되도록 미터기가 있는 택시를 타는 것이 좋습니다. 승차할 때는 미터기를 켰는지 확인하고, 요금을 지불할 때는 영수증을 받읍시다.

[
_____ (으)로 가 주세요.
_____ , please.

请到 _____ 。
qǐng dào

칭따오
]

- 이 주소 / This address / **这个地址**(zhègèdìzhǐ) / 저거디즈
- 이곳 / This place / **这个地方**(zhègèdìfāng) / 저거디팡
- 번화가 / Downtown / **繁华街**(fánhuájiē) / 판후아지에
- 종신공원 / Zhongxin Park / **中心公园**(zhōngxīngōngyuán) / 종신꽁위엔

Q: 어디까지 모셔드릴까요?

Where to?

送您到哪里呢?
sòng nín dào nǎ lǐ ne

쏭닌 따오나리너

A: 번화가로 가 주세요.

Downtown, please.

到市中心吧。
dào shì zhōng xīn bā

따오 스종신바

✈ 택시를 잡을 때

□ 택시승강장은 어디에 있습니까?
Where's the taxi stand?

坐出租车的地方在哪里?
zuò chū zū chē de dì fāng zài nǎ lǐ
쭤 추주처더디팡 짜이나리

□ 어디서 택시를 탈 수 있습니까?
Where can I get a taxi?

在哪里能坐出租车?
zài nǎ lǐ néng zuò chū zū chē
짜이나리 넝쭤 추주처

□ 어디서 기다리고 있으면 됩니까?
Where should we wait?

需要在哪等您?
xū yào zài nǎ děng nín
쉬야오 짜이나 덩닌

□ 택시!
Taxi!

出租车!
chū zū chē
추주처

✈ 택시를 탈 때

□ 우리들 모두 탈 수 있습니까?
Can we all get in the car?

我们都能坐下吗?
wǒ men dōu néng zuò xià ma
워먼떠우 넝쭤샤마

□ 트렁크를 열어 주시겠어요?
Would you open the trunk?

请打开后备箱。
qǐng dǎ kāi hòu bèi xiāng
칭따카이 허우뻬이시앙

- 짐을 조심해서 다뤄 주세요.
  Please be careful.

  搬行李请小心点。
  bān xíng lǐ qǐng xiǎo xīn diǎn
  반싱리 칭샤오신띠엔

- (주소를 보이며) 이 주소로 가 주세요.
  Take me to this address, please.

  请到这个地址。
  qǐng dào zhè ge dì zhǐ
  칭따오 저거디즈

- 서둘러 주시겠어요?
  Could you please hurry?

  可以快点吗?
  kě yǐ kuài diǎn má
  커이 콰이띠엔마

- 9시까지 도착할 수 있을까요?
  Can I get there by nine?

  九点能到吗?
  jiǔ diǎn néng dào má
  져우디엔 넝따오마

- 가장 가까운 길로 가 주세요.
  Take the shortest way, please.

  请往最近的路走。
  qǐng wǎng zuì jìn de lù zǒu
  칭왕 쭈이진더루 쩌우

- 좀더 천천히 가 주세요.
  Could you drive more slowly?

  请再慢一点。
  qǐng zài màn yi diǎn
  칭짜이 만이디엔

✈ 택시에서 내릴 때

☐ 여기서 세워 주세요.
　Stop here, please.

　请在这里停车。
　qǐng zài zhè lǐ tíng chē
　칭짜이저리 팅처

☐ 다음 신호에서 세워 주세요.
　Please stop at the next light.

　请在下一个信号灯停下。
　qǐng zài xià yí gè xìn hào dēng tíng xià
　칭자이샤이거신하오덩 팅샤

☐ 좀더 앞까지 가주세요.
　Could you pull up a little further?

　请再往前走一点。
　qǐng zài wǎngqián zǒu yì diǎn
　칭자이 왕치엔쩌우이디엔

☐ 여기서 기다려 주시겠어요?
　Would you wait for me here?

　请你在这里等我。
　qǐng nǐ zài zhè lǐ děng wǒ
　칭니자이 저리덩워

☐ 얼마입니까?
　How much is it?

　多少钱?
　duō shǎoqián
　뚸사오치엔

☐ 거스름돈은 됐습니다.
　Keep the change.

　零钱不用了。
　líng qián bù yòng le
　링치엔 뿌융러

교통

택시를 이용할 때

UNIT 03 버스를 이용할 때

시내를 자유롭게 이동하려면 시내버스가 싸고 편리합니다. 버스는 노선별로 1路, 2路… 번호가 붙어 있으므로 역전에서 노선도를 사두는 게 편리합니다. 표는 버스를 타고 나서 사기 때문에 차장(售票員)이라도 다녀에 불안감을 느낄지 모르겠지만, 순서대로 진행하면 의외로 간단합니다. 버스에도 완행과 쾌속, 그리고 일정 구간만을 정차하는 버스가 있습니다.

[이 버스는 _____ 에 갑니까?
Does this bus go to _____?
这公共汽车到 _____ **吗?**
zhè gōnggòng qì chē dào   ma
저꿍공치처따오   마]

- 공원   the park   **公园**(gōngyuán)   꿍위엔
- 해변   the beach   **海边**(hǎibiān)   하이삐엔
- 기차역   train station   **火车站**(huǒchēzhàn)   훠처잔
- 공항   the airport   **飞机场**(fēijīchǎng)   페이지창

Q: 버스승강장은 어디에 있습니까?
Where's the bus stop?
公共汽车站在哪儿?
gōnggòng qì chē zhàn zài nǎ r
꿍공치처잔 짜이날

A: 어디에 가십니까?
Where're you going?
要去哪儿?
yào qù nǎ r
야오취날

시내버스

❑ **어디서 버스 노선도를 얻을 수 있습니까?**
Where can I get a bus route map?

在哪里可以弄到公共汽车路线图?
zài nǎ lǐ kě yǐ nòng dào gōnggòng qì chē lù xiàn tú
짜이나리 커이눙따오 꽁공치처 루시엔투

❑ **표는 어디서 살 수 있습니까?**
Where can I get a ticket?

车票在哪儿买?
chē piào zài nǎ r mǎi
처퍄오 짜이날마이

❑ **어느 버스를 타면 됩니까?**
Which bus do I get on?

要坐哪个公共汽车?
yào zuò nǎ ge gōnggòng qì chē
야오쭤 나거꽁공치처

❑ **(버스를 가리키며) 미술관행입니까?**
To the art museum?

去美术馆吗?
qù měi shù guǎn má
취 메이수꾸안마

❑ **갈아타야 합니까?**
Do I have to transfer?

需要换车吗?
xū yào huàn chē má
쉬야오 후안처마

❑ **여기서 내려요.**
I'll get off here.

在这里下车。
zài zhè lǐ xià chē
짜이저리 샤처

✈ 시외버스

☐ **버스 터미널은 어디에 있습니까?**
Where is the depot?

车站在哪里?
chē zhàn zài nǎ lǐ
처잔 짜이나리

☐ **매표소는 어디에 있습니까?**
Where is the ticket office?

售票处在哪儿?
shòupiào chù zài nǎ r
샤우파오추 짜이날

☐ **상해까지 두 장 주세요.**
Two for Shanghai, please.

请给我两张到上海的车票。
qǐng gěi wǒ liǎngzhāng dào shàng hǎi dè chē piào
칭께이워 량장따오상하이더 처파오

☐ **돌아오는 버스는 어디서 탑니까?**
Where is the bus stop for going back?

回来的时候在哪儿坐车?
huí lái dè shí hòu zài nǎ r zuò chē
후이라이더스허우 짜이날쭤처

☐ **거기에 가는 직행버스는 있나요?**
Is there any bus that goes there directly.

有直接去那里的公共汽车吗?
yǒu zhí jiē qù nà lǐ dè gōnggòng qì chē má
여우즈지에취 나리더 꽁공치처마

☐ **도착하면 알려 주세요.**
Tell me when we arrive there.

到了, 请告诉我。
dào le qǐng gào sù wǒ
따오러 칭까오수워

✈ 관광버스

❏ 상해를 방문하는 투어는 있습니까?
Do you have a tour to Shanghai?

有游览上海的观光团吗?
yǒu yóu lǎn shàng hǎi de guānguāngtuán má
여우여우란 상하이더 꽌구앙투안마

❏ 여기서 예약할 수 있나요?
Can I make a reservation here?

在这里可以预定吗?
zài zhè lǐ kě yǐ yù dìng má
짜이저리 커이위딩마

❏ 버스는 어디서 기다립니까?
Where do we wait for the bus?

在哪儿等公共汽车?
zài nǎ r děnggōnggòng qì chē
짜이날덩 꽁공치처

❏ 몇 시에 돌아옵니까?
What time are we returning?

几点中回来?
jǐ diǎnzhōng huí lái
지띠엔종 후이라이

❏ 투어는 몇 시에 어디서 시작됩니까?
When time where does the tour begin?

观光团几点在哪儿出发?
guānguāngtuán jǐ diǎn zài nǎ r chū fā
꽌구앙투안 지디엔 짜이날추파

❏ 호텔까지 데리러 와 줍니까?
Will you pick us up at the hotel?

到宾馆来接吗?
dào bīn guǎn lái jiē má
따오 빈꾸안 라이지에마

교통 | 버스를 이용할 때

UNIT

04

Travel Chinese

지하철을 이용할 때

지하철(地铁)은 시내의 교통체증에 영향을 받지 않고, 출퇴근의 혼잡함을 피하면 싸고 이용하기 쉬운 교통수단이라고 할 수 있습니다. 수도인 베이징에는 순환선인 还线(후안씨엔)과 그것을 접속하고 있는 동서로 뻗은 一线(이씨엔)이 전면 개통하여 천안문광장이나 고궁 등 관광지로 가는 데 매우 편리해졌습니다. 거리에 상관없이 요금은 똑같습니다.

[_____ (으)로 가는 것은 무슨 선입니까?
Which line to _____ ?
到 _____ **的车是多少路?**
dào　　　　　　　de chē shì duō shǎo lù
따오　　　　　　　더처스 뚜어사오루]

☐ 공원　　Park　　　　　　　**公园**(gōngyuán)　　꽁위엔
☐ 호텔　　Hotel　　　　　　　**大饭店**(dàfàndiàn)　　따판띠엔
☐ 백화점　department store　**百货大楼**(bǎihuòdàlóu)　빠이훠따러우
☐ 동물원　zoo　　　　　　　**动物园**(dòngwùyuán)　뚱우위엔

Q : 만리장성까지 요금은 얼마입니까?
What's subway fare to Changcheng?

到长城多少钱?
dào chángchéng duō shǎoqián

따오창청 뚜어사오치엔

A : 기본요금은 8위엔입니다.
The minimum fare is 8 Yuan.

起价费是八元。
qǐ jià fèi shì bā yuán

치쟈페이스 빠위엔

지하철역에서

- 지하철 노선도를 주시겠습니까?

    May I have a subway map?

    请给我地铁路线图。
    qǐng gěi wǒ dì tiě lù xiàn tú
    칭게이워 디티에루시엔투

- 이 근처에 지하철역이 있습니까?

    Is a subway station near here?

    这附近有地铁站吗?
    zhè fù jìn yǒu dì tiě zhàn má
    저푸진여우 디티에잔마

- 표는 어디서 삽니까?

    Where can I buy a ticket?

    在哪里买票?
    zài nǎ lǐ mǎi piào
    짜이나리 마이퍄오

- 자동매표기는 어디에 있습니까?

    Where is the ticket machine?

    自动售票机在哪里?
    zì dòngshòupiào jī zài nǎ lǐ
    즈똥셔우퍄오지 짜이나리

- 용허공으로 가려면 어느 선을 타면 됩니까?

    Which line should I take to go to Yonghegong?

    到雍和宫街要坐几路车?
    dào yōng hé gōng jiē yào zuò jǐ lù chē
    따오융허꿍지에 야오쭤지루처

- 공원으로 가려면 어디로 나가면 됩니까?

    Which exit should I take for Park?

    请问去公园要从哪个出口出去?
    qǐng wèn qù gōngyuán yào cóng nǎ gè chū kǒu chū qù
    칭원 취꽁위엔 야오총나거추커우 추취

교통

지하철을 이용할 때

☐ 동쪽 출구로 나가세요.
Take the east exit.

请从东面的出口出去。
qǐng cóng dōngmiàn de chū kǒu chū qù
칭 총뚱미엔더추커우 추취

→ 지하철을 탔을 때

☐ 어디서 갈아탑니까?
Where should I change trains?

在哪儿换乘?
zài nǎ r huànchéng
짜이날 후안청

☐ 이건 고궁에 갑니까?
Is this for Gugong?

这个车到故宫吗?
zhè ge chē dào gù gōng má
저거처따오꾸꿍마

☐ 건국문은 몇 번째입니까?
How many stops are there to Jianguomen?

建国门是第几站?
jiàn guó mén shì dì jǐ zhàn
지엔꿔먼 스디지잔

☐ 북경역은 몇 번째입니까?
How many stops are there to Beijing station?

北京站到那里还有几站?
běi jīng zhàn dào nà lǐ hái yǒu jǐ zhàn
베이징잔 따오나리 하이여우지잔

☐ 다음은 어디입니까?
What's the next stop station?

下一站是哪里?
xià yí zhàn shì nǎ lǐ
시아이잔 스나리

- 이 지하철은 북경역에 섭니까?
  Does this train stop at Beijing station?
  这个地铁在北京站停吗?
  zhè ge dì tiě zài běi jīng zhàn tíng má
  저거디티에 짜이베이찡짠 팅마

- 이 노선의 종점은 어디입니까?
  Where's the end of this line?
  这个路线的终点是哪里?
  zhè ge lù xiàn de zhōng diǎn shì nǎ lǐ
  저거루시엔더종디엔스나리

- 천안문으로 가려면 어디로 나가면 됩니까?
  Which exit should I take for Tiananmen?
  到天安门要往哪儿走?
  dào tiān ān mén yào wǎng nǎr zǒu
  따오 티엔안먼 야오왕날쩌우

- ○○출구로 나가세요.
  Take the ○○ exit.
  请往○○出口出去。
  qǐng wǎng　　　chū kǒu chū qù
  칭왕 ○○추커우 추취

- 지금 어디 근처입니까?
  Where are we now?
  现在在什么地方附近?
  xiàn zài zài shén me dì fāng fù jìn
  씨엔자이 짜이선머디팡 푸진

- 표를 잃어버렸습니다.
  I lost my ticket.
  票弄丢了。
  piào nòng diū le
  퍄오 농띠우러

UNIT 05 열차를 이용할 때

경제가 활성화되고 사람과 물건의 이동이 활발해지고 있는 중국에서는 모든 역이 혼잡합니다. 열차는 한국의 새마을호에 해당하는 软席(르언씨), 보통열차에 해당하는 硬席(잉씨)로 구분되며, 모두 큰 차이가 있습니다. 광활한 중국대륙을 장거리열차로 느긋하고 편하게 여행하려면 软席이 좋으며, 일반서민의 생활을 체험하려면 硬席도 좋습니다.

○○-○○ 표 2장 주세요.

Two _____ tickets from ○○ to○○, please.

请给我两张 _____ 票。
qǐng gěi wǒ liǎngzhāng　　　　piào

칭께이워리양장　　　　　　　파오

- □ 편도　one-way　　**单行线**(dānxíngxiàn)　딴씽씨엔
- □ 왕복　round-trip　**往返**(wǎngfǎn)　왕판
- □ 1등석　first class　**头等座**(tóuděngzuò)　터우떵쭤
- □ 2등석　second class　**二等座**(èrděngzuò)　얼떵쭤

Q : 시각표를 보여 주시겠어요?

May I see a timetable?

请给我看时刻表，好吗?
qǐng gěi wǒ kàn shí kè biǎo　hǎo ma

칭께이워칸 스커빠오　하오마

A : 저기에 게시되어 있습니다.

here's one posted over there.

那上面贴着。
nà shàngmiàn tiē zhe

나상미엔 티에저

✈ 표를 구입할 때

☐ **매표소는 어디입니까?**
Where's the ticket window?

售票处在哪里?
shòu piào chù zài nǎ lǐ
셔우퍄오추 짜이나리

☐ **상해까지 편도 주세요.**
A single to Shanghai, please.

请给我到上海的单程票。
qǐng gěi wǒ dào shàng haǐ de dān chéng piào
칭께이워 따오 상하이더 딴청퍄오

☐ **9시 급행 표를 주세요.**
Tickets on express at nine, please.

请给我九点钟的快车票。
qǐng gěi wǒ jiǔ diǎnzhōng de kuài chē piào
칭께이워 져우디엔종더 콰이처퍄오

☐ **예약 창구는 어디입니까?**
Which window can I reserve a seat at?

预约窗口在哪里?
yù yuē chuāng kǒu zài nǎ lǐ
위위에추앙커우 짜이나리

☐ **1등석을 주세요.**
First class, please.

请给我头等座。
qǐng gěi wǒ tóu děng zuò
칭께이워 터우덩쭤

☐ **더 이른(늦은) 열차는 있습니까?**
Do you have an earlier(a later) train?

没有更早(晚)一点的吗?
méi yǒu gèng zǎo wǎn yi diǎn de má
메이여우 껑자오(완)이디엔더마

교통
열차를 이용할 때

189

□ 급행열차입니까?
Is it an express train?

没有快车吗?
méi yǒu kuài chē má
메이여우 콰이처마

□ 어디서 갈아탑니까?
Where should we change trains?

在哪儿换乘?
zài nǎ r huànchéng
짜이날 후안청

✈ 열차를 탈 때

□ 3번 홈은 어디입니까?
Where is platform No 3.

三号站台在哪里?
sān hào zhàn tái zài nǎ lǐ
산하오잔타이 짜이나리

□ 상해행 열차는 어디입니까?
Where's the train for Shanghai?

到上海的火车在哪里?
dào shàng haǐ de huǒ chē zài nǎ lǐ
따오 상하이더훠처 짜이나리

□ 이건 상해행입니까?
Is this for Shanghai?

这是到上海的车。
zhè shì dào shàng haǐ de chē
저스 따오상하이 더처

□ (표를 보여주며) 이 열차 맞습니까?
Is this my train?

是这个火车吗?
shì zhè ge huǒ chē má
스저거 훠처마

❏ 이 열차는 예정대로 출발합니까?
Is this train on schedule?

这个火车按预定出发吗?
zhè ge huǒ chē àn yù dìng chū fā má

저거훠처 안위딩 추파마

❏ 다음 역은 무슨 역입니까?
What's the next station?

下一站是哪里?
xià yí zhàn shì nǎ lǐ

샤이잔 스나리

❏ 도중에 하차할 수 있습니까?
Can I have a stopover?

在半道可以下车吗?
zài bàn dào kě yǐ xià chē má

짜이반따오 커이샤처마

열차 안에서

❏ 거기는 제 자리입니다.
That's my seat.

这是我的位置。
zhè shì wǒ de wèi zhì

저스 워더웨이즈

❏ 이 자리는 비어 있나요?
Is this seat taken?

这个位子是空的吗?
zhè ge wèi zi shì kōng de má

저거웨이즈스 콩더마

❏ 창문을 열어도 되겠습니까?
May I open the window?

可以打开窗户吗?
kě yǐ dǎ kāi chuāng hù má

커이따카이 추앙후마

□ 식당차는 어디에 있습니까?
　Where's the dining car?

　饭店车在哪里?
　fàn diàn chē zài nǎ lǐ
　판띠엔처 짜이나리

□ (여객전무) 도와 드릴까요
　May I help you?

　要帮忙吗?
　yào bāngmáng má
　야오 방망마

□ 상해까지 몇 시간입니까?
　How many hours to Shanghai?

　到上海多长时间?
　dào shàng hǎi duō cháng shí jiān
　따오상하이 뚸창스지엔

□ 표를 보여 주십시오
　May I see your ticket?

　我能看您的票吗?
　wǒ néng kàn nín dè piào má
　워넝칸 닌더퍄오마

□ 네, 여기 있습니다.
　Here it is.

　是, 在这里。
　shì zài zhè lǐ
　쓰 짜이저리

□ 잠시 기다려 주십시오.
　Just a minute, please.

　请稍等一下。
　qǐng shāo děng yí xià
　칭사오 덩이샤

❏ 여기는 무슨 역입니까?
　What station is this?

　这里是什么站?
　zhè lǐ shì shén me zhàn
　저리스 선머잔

❏ 다음 역은 무슨 역입니까?
　What's the next station?

　下站是哪里?
　xià zhàn shì nǎ lǐ
　샤잔스 나리

✈ 문제가 생겼을 때

❏ 표를 잃어버렸습니다.
　I lost my ticket.

　票弄丢了。
　piào nòng diū le
　퍄오 농띠우러

❏ 어디에서 탔습니까?
　Where did you get on?

　您在哪里上车的?
　nín zài nǎ lǐ shàng chē de
　닌짜이나리 상처더

❏ 내릴 역을 지나쳤습니다.
　I missed my station.

　我坐过站了。
　wǒ zuò guò zhàn le
　워 쭤궈잔러

❏ 이 표는 아직 유효합니까?
　Is this ticket still valid?

　票还有效吗?
　piào hái yǒu xiào ma
　퍄오 하이여우샤오마

UNIT 06 비행기를 이용할 때

체크인이란 탑승수속을 말합니다. 공항에 도착하면 이용할 항공사의 카운터에 가서 항공권을 제시합니다. 담당이 확인하면 그녀의 원하는 좌석을 말하고, 탑승권(boarding pass)과 짐을 맡길 경우에는 그 짐의 인환증(claim tag)도 동시에 받습니다. 국내선의 경우에는 거의 금연석입니다.

[
(비행기 좌석) _____ (으)로 부탁합니다.

_____, please.

请给我 _____ 。
qǐng gěi wǒ

칭께이워
]

- □ 금연석 Non-smoking **禁烟席**(jìnyānxí) 진옌시
- □ 흡연석 Smoking seat **吸烟席**(xīyānxí) 씨옌시
- □ 창가자리 Window seat **靠窗座位**(kàochuāngzuòwèi) 카오추앙쭤웨이
- □ 통로석 Aisle seat **靠过道的座位**(kàoguòdàodezuòwèi) 카오꿔따오더쭤웨이

Q : 여보세요. 중국국제항공입니다.
Hello. This is Air China.

你好！这里是中国国际航空。
nǐ hǎo　zhè lǐ shì zhōng guó guó jì hángkōng

니하오　저리스 종궈꿔지항콩

A : 예약을 재확인하고 싶은데요.
I'd like to reconfirm my flight.

想再确认一下预约。
xiǎng zài què rèn yí xià yù yuē

시양자이 취에런이샤 위위에

194

✈ 항공권 예약

☐ **비행기 예약을 부탁합니다.**
I'd like to reserve a flight.

请给我预约飞机。
qǐng gěi wǒ yù yuē fēi jī
칭께이워 위위에페이지

☐ **내일 상해행 비행기 있습니까?**
Do you have a flight to Shanghai.

明天有飞往上海的飞机吗?
míng tiān yǒu fēi wǎngshàng haǐ dè fēi jī mǎ
밍티엔여우 페이왕상하이더 페이지마

☐ **일찍 가는 비행기로 부탁합니다.**
I'd like an earlier flight.

请给我订早班飞机。
qǐng gěi wǒ dìng zǎo bān fēi jī
칭께이워딩 자오빤페이지

☐ **늦게 가는 비행기로 부탁합니다.**
I'd like a later flight.

请给我订晚班飞机。
qǐng gěi wǒ dìng wǎn bān fēi jī
칭께이워딩 완빤페이지

☐ **성함과 편명을 말씀하십시오.**
What's your name and flight number?

请告诉我姓名和班机号。
qǐng gào sù wǒ xìngmíng hé bān jī hào
칭까오수워 싱밍허 빤지하오

☐ **출발시간을 확인하고 싶은데요**
I'd like to make sure of the time it leaves.

想确认出发时间。
xiǎng què rèn chū fā shí jiān
씨앙취에런 추파스지엔

교통 · 비행기를 이용할 때

✈ 체크인과 탑승

❏ **중국국제항공 카운터는 어디입니까?**
Where's the Air China counter?

中国国际航空手续办在哪里?
zhōng guó guó jì hángkōng shǒu xù bàn zài nǎ lǐ
쭝궈 궈지항콩 셔우쉬빤 짜이나리

❏ **지금 체크인할 수 있습니까?**
Can I check in now?

现在可以办登机手续吗?
xiàn zài kě yǐ bàn dēng jī shǒu xù mǎ
시엔짜이 커이 빤덩지 셔우쒸마

❏ **항공권은 가지고 계십니까?**
Do you have a ticket?

飞机票在手里吗?
fēi jī piào zài shǒu lǐ mǎ
페이지퍄오 짜이셔우리마

❏ **예, 여기 있습니다.**
Here it is.

是, 在这里。
shì zài zhè lǐ
스, 짜이저리

❏ **금연석 통로 쪽으로 부탁합니다.**
An aisle seat in the non-smoking section, please.

请到禁烟席通道。
qǐng dào jìn yān xí tōng dào
칭따오 진옌씨 통따오

❏ **이 짐은 기내로 가지고 갑니다.**
This is a carry-on bag.

这个行李拿到机内。
zhè ge xíng lǐ ná dào jī nèi
저거싱리 나따오 지네이

❏ 요금은 어떻게 됩니까?
  What's the fare?

  费用是多少?
  fèi yòng shì duō shǎo
  페이융스 뒤사오

❏ 몇 번 출구로 나가면 됩니까?
  Which gate should I go to?

  要从几号出口出去?
  yào cóng jǐ hào chū kǒu chū qù
  야오 총지하오추커우 추취

❏ 이건 상해행 출구입니까?
  Is this the gate to Shanghai?

  这是通往上海的出口吗?
  zhè shì tōng wǎng shàng hǎi de chū kǒu má
  저스 통왕상하이더 추커우마

❏ 비행은 예정대로 출발합니까?
  Is the flight on time?

  飞机按预定出发吗?
  fēi jī àn yù dìng chū fā má
  페이지 안위딩 추파마

❏ 이 짐을 맡길게요.
  I'll check this baggage.

  我想存行李。
  wǒ xiǎng cún xíng lǐ
  워시앙 춘싱리

❏ 탑승이 시작되었나요?
  Has boarding begun?

  开始上飞机了吗?
  kāi shǐ shàng fēi jī le má
  카이스 상페이지러마

교통

비행기를 이용할 때

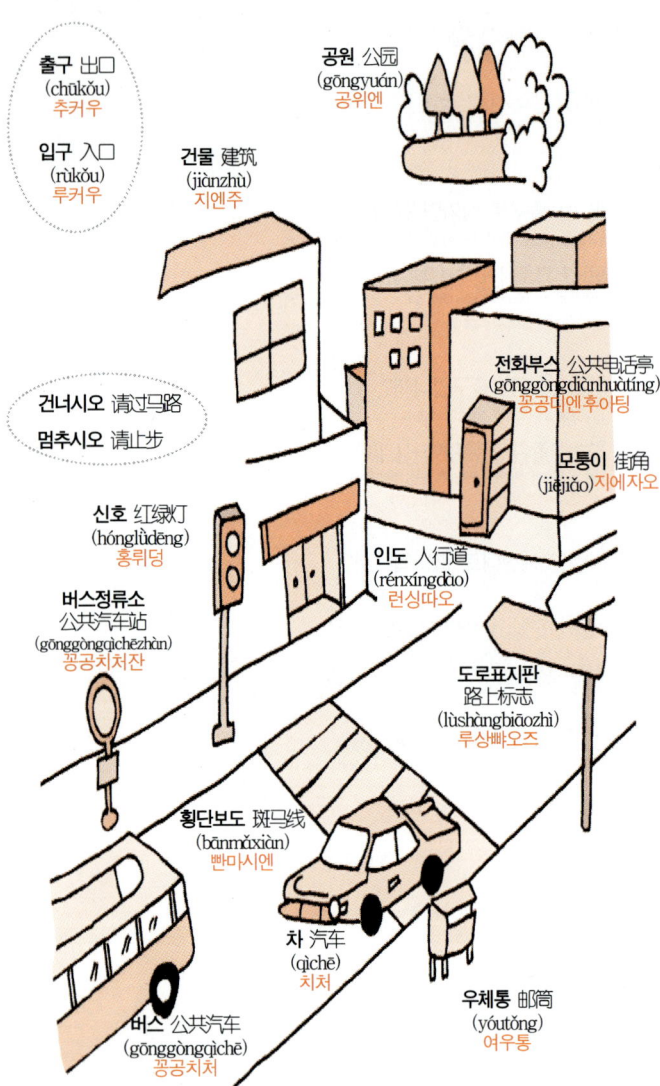

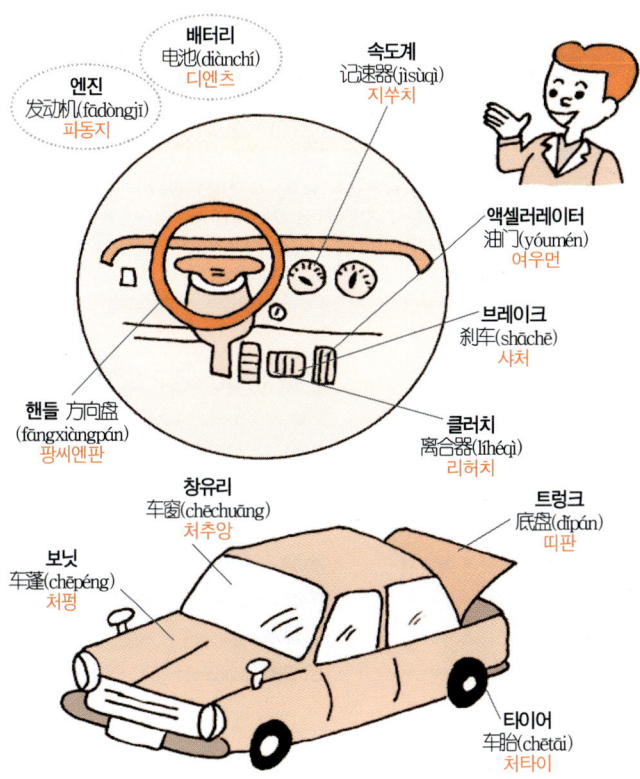

❏ 도로표지판

양보	YIELD	让步
일시정지	STOP	停止
우측통행	KEEP RIGHT	右侧通行
추월금지	DO NOT PASS	禁止超车
신입금시	DO NOT ENTER	禁入
제한속도	SPEED LIMIT	限速
일방통행	ONE WAY	单行道
주차금지	NO PARKING	禁止停车

UNIT 07 렌터카·렌터사이클

렌터카를 빌릴 때는 여권과 국제면허증이 필요합니다. 만일을 대비하여 보험도 잊지 말고 꼭 들어둡시다. 관광시즌에는 한국에서 출발하기 전에 미리 렌터카 회사에 예약을 해두는 게 좋습니다. 호텔에서는 숙박객용으로 렌터사이클을 준비해둔 곳도 많이 있는데, 거리에서 빌릴 경우에는 보증금격인 押金(yàjīn 야진)이 필요합니다.

_____ 차를 1주일간 빌리고 싶은데요.

_____ car for a week, please.

我想借一个礼拜的 _____ 车。
wǒ xiǎng jiè yí gè lǐ bài de   chē

워시앙지에 이거리빠이더   처

☐ 소형	A compact	**小型**(xiǎoxíng)	쌰오싱
☐ 중형	A mid-size	**中型**(zhōngxíng)	종싱
☐ 대형	A large	**大型**(dàxíng)	따싱
☐ 오토매틱	An automatic	**自动档**(zìdòngdàng)	쯔뚱땅

Q : 차를 빌리고 싶은데요.
I'd like to rent a car.

我想借车。
wǒ xiǎng jiè chē

워시앙 지에처

A : 어떤 차가 좋겠습니까?
What kind of car do you want?

需要什么车?
xū yào shén me chē

쉬야오 선머처

200

자동차·자전거를 빌릴 때

☐ (공항에서) 렌터카 카운터는 어디에 있습니까?
Where's the rent-a-car counter?

借车的地方在哪里?
jiè chē de dì fāng zài nǎ lǐ
지에처더디팡 짜이나리

☐ 예약을 한 사람인데요.
I have a reservation.

我已经预约了。
wǒ yǐ jīng yù yuē le
워이징 위위에러

☐ 어느 정도 운전할 예정이십니까?
How long will you need it?

要开多长时间的车?
yào kāi duō cháng shí jiān de chē
야오카이 뚸창스지엔더처

☐ 1주간입니다.
For a week.

一周左右。
yì zhōu zuǒ yòu
이조우 쮀여우

☐ 자전거는 어디서 빌릴 수 있습니까?
Where can I rent a bicycle?

在哪里借自行车?
zài nǎ lǐ jiè zì xíng chē
짜이나리 지에즈싱처

☐ 이것이 제 국제운전면허증입니다.
Here's my international driver's license.

这是我的国际驾照。
zhè shì wǒ de guó jì jià zhào
저스워더 꿔지쟈자오

교통

렌터카·렌터사이클

✈ 차종을 고를 때

☐ 어떤 차가 있습니까?
What kind of cars do you have?

都有什么车?
dōu yǒu shén me chē
떠우여우 선머처

☐ 렌터카 목록을 보여 주시겠어요?
Can I see your rent-a-car list?

请给我看一下都有什么车。
qǐng gěi wǒ kàn í xià dōu yǒu shén me chē
칭께이워 칸이샤 떠우여우선머처

☐ 어떤 타입의 차가 좋으시겠습니까?
What type of car would you like?

喜欢什么样式的车?
xǐ huānshén me yàng shì de chē
시후안 선머양스더처

☐ 중형차를 빌리고 싶은데요.
I'd like a mid-size car.

想借中型车。
xiǎng jiè zhōngxíng chē
시앙 지에 종씽처

☐ 오토매틱밖에 운전하지 못합니다.
I can only drive an automatic.

只能开自动档车。
zhǐ néng kāi zì dòngdàng chē
즈넝 카이쯔뚱땅

☐ 오토매틱 스포츠카를 부탁합니다.
I'd like an automatic sports car.

我想借自动档跑车。
wǒ xiǎng jiè zì dòngdàng pǎo chē
워시앙지에 쯔뚱땅파오처

✈ 렌터카 요금과 보험

☐ **선불이 필요합니까?**
Do I need a deposit?

需要先付钱吗?
xū yào xiān fù qián mà
쉬야오 시엔푸치엔마

☐ **보증금은 얼마입니까?**
How much is the deposit?

押金是多少?
yà jīn shì duō shǎo
야진스 뚸사오

☐ **1주간 요금은 얼마입니까?**
What's the rate per week?

一周的费用是多少?
yì zhōu de fèi yòng shì duō shǎo
이조우더페이융 스뚸사오

☐ **특별요금은 있습니까?**
Do you have any special rates?

有特别费用吗?
yǒu tè bié fèi yòng má
여우 터삐에페이융마

☐ **그 요금에 보험은 포함되어 있습니까?**
Does the price include insurance?

那个费用包括保险金吗?
nà ge fèi yòng bāo guā bǎo xiǎn jīn má
나거페이융 빠오구아 바오씨엔진마

☐ **종합보험을 들어 주십시오.**
With comprehensive insurance, please.

请参加综合保险。
qǐng cān jiā zōng hé bǎo xiǎn
칭찬쟈 종허바오씨엔

교통

렌터카·렌터사이클

UNIT 08

차를 운전할 때

중국에서는 직접 운전을 하여 여행할 수 있는 기회가 그리 많지 않지만, 특별한 경우에는 한국에서 직접 차를 가져가서 돌아볼 수도 있습니다. 이때 필요한 것이 국제운전면허증입니다. 그렇지 않은 경우에도 해외여행을 한다면 국제운전면허증 정도는 구비하는 것이 좋습니다.

[
차의 _____ 이상합니다.
The _____ isn't working right.
是车的 _____ **故障。**
shì chē de   gù zhàng

스처더   꾸장
]

- 엔진   engine   **引擎**(yǐnqíng)   인칭
- 배터리   battery   **电池**(diànchí)   디엔츠
- 액셀러레이터   accelerator   **油门**(yóumén)   여우먼
- 브레이크   brakes   **刹车**(shāchē)   샤처

Q : (기름을) 가득 채워 주세요.
Fill it up, please.

请给我加满油。
qǐng gěi wǒ jiā mǎn yóu

칭께이워 쟈만여우

A : 잠시 기다리십시오.
I'll be right with you.

请稍等。
qǐng shāoděng

칭사오덩

차를 운전하면서

□ **긴급연락처를 알려 주시겠어요?**
Where should I call in case of an emergency?

请告诉我紧急联络地址。
qǐng gào sù wǒ jǐn jí lián luò dì zhǐ
칭까오수워 진지리엔뤄 디즈

□ **도로지도를 주시겠습니까?**
Can I have a road map?

请给我路程图。
qǐng gěi wǒ lù chéng tú
칭께이워 루청투

□ **상해는 어느 길로 가면 됩니까?**
Which way to Shanghai?

上海要往哪里走?
shàng hǎi yào wǎng nǎ lǐ zǒu
상하이 야오왕나리쩌우

□ **5호선으로 남쪽으로 가세요.**
Take the 5 South.

坐五号线往南走。
zuò wǔ hǎo xiàn wǎng nán zǒu
쭤우하오시엔 왕난쩌우

□ **곧장입니까, 아니면 왼쪽입니까?**
Straight? Or to the left?

简直走, 还是往左走?
jiǎn zhí zǒu hái shì wǎng zuǒ zǒu
지엔즈쩌우 하이스 왕줘쩌우

□ **상해까지 몇 킬로미터입니까?**
How many kilometers to Shanghai?

到上海多少英里?
dào shàng hǎi duō shǎo yīng lǐ
따오상하이 뚸사오잉리

교통 / 차를 운전할 때

□ 차로 상해는 어느 정도 걸립니까?
How far is it to Shanghai by car?

坐车到上海多长时间?
zuò chē dào shàng haǐ duō cháng shí jiān
쭤처따오 상하이 뚸창스지엔

□ 가장 가까운 교차로는 어디입니까?
What's the nearest intersection?

最近的十字路口是哪里?
zuì jìn de shí zì lù kǒu shì nǎ lǐ
쭈이진더 스즈루커우 스나리

✈ 주유·주차할 때

□ 이 근처에 주유소가 있습니까?
Is there a gas station near by?

这附近有加油站吗?
zhè fù jìn yǒu jiā yóu zhàn má
저푸진 여우 쟈여우잔마

□ 가득 넣어 주세요.
Fill it up, please.

请加满。
qǐng jiā mǎn
칭쟈만

□ 선불입니까, 후불입니까?
Do I pay now or later?

先付钱还是后付钱?
xiān fù qián hái shì hòu fù qián
씨엔푸치엔 하이스허우푸치엔

□ 여기에 주차해도 됩니까?
Can I park my car here?

在这里停车也可以吗?
zài zhè lǐ tíng chē yě kě yǐ má
짜이저리팅처 예커이마

✈ 차 트러블

☐ **배터리가 떨어졌습니다.**
The battery is dead.

车没有电池了。
chē méi yǒu diàn chí le
처메이여우 띠엔츠러

☐ **펑크가 났습니다.**
I got a flat tire.

轮胎抛锚了。
lún tāi pāo máo le
룬타이 파오마오러

☐ **시동이 걸리지 않습니다.**
I can't start the engine.

车启动不了。
chē qǐ dòng bù liǎo
처 취똥뿌랴오

☐ **브레이크가 잘 안 듣습니다.**
The brakes don't work properly.

刹车不灵。
shā chē bù líng
사처 뿌링

☐ **고칠 수 있습니까?**
Can you repair it?

能修吗?
néng xiū má
넝시우마

☐ **차를 돌려드리겠습니다.**
I'll return the car.

把车还给您。
bǎ chē huán gěi nín
바처 후안께이닌

교통 | 차를 운전할 때

거리에서 볼 수 있는 게시판

注意	주의
小心脚下	발밑 주의
小心头	머리 조심
危险	위험
请勿穿行	건너지 마시오
请通过	건너시오
禁止出入	무단 침입금지
小心油漆	페인트 주의
故障	고장
禁止使用	사용중지
禁止停车	주차금지
停车场	주차장
请勿践踏草坪	잔디에 들어가지 마시오
禁止通行	통행금지
单线	일방통행
出口	출구
换乘	갈아타는 곳
卖票处	매표소

PART 6

관광

관광안내소에서
관광지에서
관람을 할 때
사진을 찍을 때
오락을 즐길 때
스포츠를 즐길 때

Travel Information
관광에 관한 정보

✈ 중국의 주요 관광지

◈ 北京市(북경시)

북경은 도시 전체가 박물관이라고 일컬어지는 3000년 역사의 6개 조대의 고도(古都)이며 중국의 수도이다. 이 도시에는 기세가 웅로운 만리장성, 웅장하고 화려한 천안문, 정교하게 축조된 천단, 금빛 찬란한 자금성, 산수가 아름다운 이화원, 신비로운 명13릉, 안개가 자욱한 북해공원, 그리고 라마교 유람 승지인 옹화궁 등이 있다.

대표적인 번화가로는 우리의 명동이라 할 수 있는 왕푸징(王府井) 거리를 들 수 있다. 관광지 외에 북경에서 꼭 감상해야 할 것이 있다면, 경극과 북경오리구이일 것이다. 오리구이는 전취덕이라는 곳이 유명하며, 경극을 감상하며 차와 간식을 주는 극장도 있다.

'날씨만 제외하고는 중국에서 가장 좋은 것은 모두 북경에 있다'는 말이 있을 정도로 북경에는 중국에서 가장 좋은 것들이 모여 있다. 중국 최고의 호텔과 식당이 있고 가장 편리한 교통수단이 구비되어 있다. 자연적인 풍치만 따진다면 북경보다 뛰어난 곳이 많지만, 역사적인 유산을 가장 많이 보유하고 있는 곳은 역시 북경이다.

◈ 上海市(상해시)

북경이 중국 정치의 중심이라면, 이곳은 상공업이 발달한 중국 경제의 중심이다. 일찍이 상해에는 외국 열강들의 조계지가 많았지만, 이제는 외탄에 들어서 있는 유럽풍의 건물, 황포강(黃浦江)을 오가는 외국 선박, 번화가의 끊이지 않는 사람들의 물결 등으로 활기가 넘치는 중국 제일의 국제도시가 되었다. 주요 볼거리로는 상해에서 가장 번화한 거리인 남경로, 이국풍의 거리인 외탄공원과 황포공원, 임시정부청사, 예원, 옥불사, 동방명주탑 등이 있다.

◆ 南京(남경)

남경은 동쪽의 자금산(紫金山), 현무호공원(玄武湖公园), 막수호공원(莫愁湖公园) 등, 녹색의 가로수로 뒤덮인 차분한 분위기의 도시이지만, 장강을 따라 자리잡은 다른 도시와 마찬가지로 여름에 무더운 곳으로도 유명하다. 남경의 역사는 오래되었는데 삼국시대에 오나라의 손권이 도읍을 정한 이래로 10개의 역대 왕조와 정부가 이곳을 도읍으로 정했다. 현재 이 도시의 윤곽은 명대에 만들어진 것으로 당시의 성벽은 지금도 남아 있다. 또 근대사에도 자주 등장하는 태평천국의 봉기군은 청나라 군사와 서양 열강에 대항하여 이곳에 수도를 정했고 신해혁명 후인 1912년 손문도 이곳을 중화민국 임시정부의 수도로 정했으며, 중일 전쟁 때에는 일본군에게 점령될 때까지 국민당 정부의 소재지이기도 했다. 특히 1937년 일본군이 남경대학살을 자행한 곳으로 고도 남경에는 수많은 역사가 새겨져 있다.

◆ 吉林(길림)

송화강이 도시의 가슴을 휘감아 흐르는 강의 도시이다. 강변에 늘어선 버드나무가 절경을 이룬다. 신기하게도 송화강은 겨울에도 얼지 않는 대신 수증기가 피어올라 나뭇가지에 얼어붙어 장관을 이룬다. 매년 정월에는 빙등제가 열려 관광객들이 눈과 얼음의 축제에 발길을 돌릴 줄 모른다.

인근에 있는 丰满山스키장은 특히 유명하다. 시내 북동쪽에 있는 용담대교를 건너면 송화강변에 龙潭山鹿场이 있는데 동북지방의 3대 특산물로 알려진 녹용, 인삼, 돈피를 팔고 있다. 만주에 와서 쇼핑하는 보람을 느낄 만한 곳이다.

◆ 大连(대련)

大连(대련)은 요동반도의 남쪽 끝에 위치한 중국 제2의 무역항구이며 동북지방(만주)의 창문이다. 인근에 있는 여순은 안중근 의사가 순국한 곳으로, 旅顺과 합쳐서 한때 旅大라고 부르기도 하였으나 지금은 그냥 대련이라고 부른다. 대련은 '北海의 진주'라고도 불리는 아름다운 곳이다. 현재는 중국 유수의 대외 무역항으로서 중요한 역할을 맡고 있다. 역사적인 배경으로 인해 러시아풍의 건물이 많이 남아 있으며, 상해나 외국과의 항로가 열려 있어 중국의 다른 도시와는 좀 색다른 분위기가 느껴진다.

UNIT 01 Travel Chinese
관광안내소에서

관광의 첫걸음은 관광안내소에서 시작됩니다. 대부분이 시내의 중심부에 있는 볼거리 소개부터 버스 예약까지 여러 가지 서비스를 하고 있습니다. 무료의 시내지도, 지하철, 버스 노선도 등이 구비되어 있는 경우가 많으므로 정보수집에 매우 편리합니다. 또한 중국은 외국인이 자유로이 출입할 수 있는 개방도시와 그렇지 않은 도시가 있으므로 여행을 할 때는 확인해야 합니다.

[
　　　　　　　　　　　　투어는 있나요?
Do you have a _____ tour?
有 _____ **观光团吗?**
yǒu　　　　　　　　　　　guānguāngtuán má

여우　　　　　　　　　　　꽌구앙투안마
]

- □ 1일　　　full day　　　**一日**(yírì)　　　이르
- □ 반나절　　half-day　　　**半天**(bàntiān)　　반티엔
- □ 야간　　　night　　　　**夜间**(yèjiān)　　　예지엔
- □ 당일치기　come back in a day　**当天**(dāngtiān)　땅티엔

Q: 북경 시내를 관광하고 싶은데요.
I'd like to see the sights of Beijing.

我想逛北京市。
wǒ xiǎngguàng běi jīng shì

워시앙꾸앙 베이징스

A: 투어에 참가하시겠습니까?
Are you interested in a tour?

想参加观光团吗?
xiǎng cān jiā guānguāngtuán má

씨앙찬쨔 꽌구앙투안마

관광안내소에서

□ **관광안내소는 어디에 있습니까?**
Where is the tourist information office?

观光介绍所在哪里?
guānguāng jiè shào suǒ zài nǎ lǐ
꽌구앙지에사오쉬 짜이나리

□ **이 도시의 관광안내 팸플릿이 있습니까?**
Do you have a sightseeing brochure for this town?

有这个城市的观光介绍文吗?
yǒu zhè ge chéng shì de guānguāng jiè shàowén má
여우저거청스더 꽌구앙지에사오원마

□ **무료 시내지도는 있습니까?**
Do you have a free city map?

有免费市内地图吗?
yǒu miǎn fèi shì nèi dì tú má
여우미엔페이 스네이디투마

□ **관광지도를 주시겠어요?**
Can I have a sightseeing map?

请给我观光地图。
qǐng gěi wǒ guānguāng dì tú
칭께이워 꽌구앙디투

□ **여기서 볼 만한 곳을 가르쳐 주시겠어요?**
Could you recommend some interesting places?

能告诉我好看的观光景点吗?
néng gào sù wǒ hǎo kàn de guānguāng jǐng diǎn má
넝까오수워 하오칸더 꽌구앙찡띠엔마

□ **당일치기로 어디에 갈 수 있습니까?**
Where can I go for a day trip?

一日游去哪里好呢?
yí rì yóu qù nǎ lǐ hǎo ne
이르여우 취나리 하오너

관광 / 관광안내소에서

- **경치가 좋은 곳을 아십니까?**
  Do you know a place with a nice view?

  知道什么地方景色好吗?
  zhī dào shén me dì fāng jǐng sè hǎo má
  즈따오 선머디팡 징서하오마

- **젊은 사람이 가는 곳은 어디입니까?**
  Where's good place for young people?

  年轻人喜欢去的地方是哪里?
  niánqīng rén xǐ huān qù de dì fāng shì nǎ lǐ
  니엔칭런 시후안취더디팡 스나리

- **거기에 가려면 투어에 참가해야 합니까?**
  Do I have to join a tour to go there?

  想去那里要参加观光团吗?
  xiǎng qù nà lǐ yào cān jiā guānguāngtuán má
  시앙취 나리 야오찬쟈 꽌구앙투안마

- **유람선은 있습니까?**
  Are there any sightseeing boats?

  有观光船吗?
  yǒu guānguāngchuán má
  여우 꽌구앙추안마

- **여기서 표를 살 수 있습니까?**
  Can I buy a ticket here?

  在这里可以买票吗?
  zài zhè lǐ kě yǐ mǎi piào má
  자이저리 커이마이퍄오마

- **할인 티켓은 있나요?**
  Do you have some discount tickets?

  有打折票吗?
  yǒu dǎ zhé piào má
  여우 따저퍄오마

- **지금 축제는 하고 있나요?**
  Are there any festivals now?

  现在有什么节日吗?
  xiàn zài yǒu shén me jié rì má
  시엔자이 여우선머지에르마

- **벼룩시장 같은 것은 있나요?**
  Is there a flea market or something?

  有跳蚤市场吗?
  yǒu tiào zǎo shì chǎng má
  여우 탸오자오스창마

✈ 거리·시간 등을 물을 때

- **여기서 멉니까?**
  Is it far from here?

  离这里远吗?
  lí zhè lǐ yuǎn má
  리저리 위엔마

- **여기서 걸어서 갈 수 있습니까?**
  Can I walk down there?

  从这里可以走着去吗?
  cóng zhè lǐ kě yǐ zǒu zhe qù má
  총저리 커이저우저취마

- **왕복으로 어느 정도 시간이 걸립니까?**
  How long does it take to get there and back?

  来回需要多长时间?
  lái huí xū yào duō cháng shí jiān
  라이후이쉬야오 뚸창스지엔

- **버스로 갈 수 있습니까?**
  Can I go there by bus?

  能坐车去吗?
  néng zuò chē qù má
  넝 쭤처취마

관광

관광안내소에서

215

✈ 투어를 이용할 때

☐ 관광버스 투어는 있습니까?
　Is there a sightseeing bus tour?

有观光汽车团吗?
yǒu guānguāng qì chē tuán má
여우 꽌구앙치처투안마

☐ 어떤 투어가 있습니까?
　What kind of tours do you have?

都有什么观光团?
dōu yǒu shén me guānguāngtuán
떠우여우 선머꽌구앙투안

☐ 어디서 관광투어를 신청할 수 있습니까?
　Where can I book a sightseeing tour?

在哪里可以申请加入观光团?
zài nǎ lǐ kě yǐ shēnqǐng jiā rù guānguāngtuán
자이나리 커이선칭 자루꽌구앙투안

☐ 투어는 매일 있습니까?
　Do you have tours every day?

观光团每天都有吗?
guānguāngtuán měi tiān dōu yǒu má
꽌구앙투안 메이티엔떠우 여우마

☐ 오전(오후) 코스는 있습니까?
　Is there a morning(afternoon) tour?

有上午(下午)团吗?
yǒu shàng wǔ　xià wǔ　tuán má
여우 상우(쌰우)투안마

☐ 야간관광은 있습니까?
　Do you have a night tour?

有夜间团吗?
yǒu yè jiān tuán má
여우 예지엔투안마

❏ 투어는 몇 시간 걸립니까?

How long does it take to complete the tour?

旅游需要几个小时?
lǚ yóu xū yào jǐ ge xiǎo shí
뤼여우쉬야오 지거쌰오스

❏ 식사는 나옵니까?

Are any meals included?

提供饭吗?
tí gōng fàn má
티공 판마

❏ 몇 시에 출발합니까?

What time do you leave?

几点钟出发?
jǐ diǎnzhōng chū fā
지디엔종 추파

❏ 어디서 출발합니까?

Where does it start?

在哪儿出发?
zài nǎ r chū fā
자이날 추파

❏ 한국어 가이드는 있나요?

Do we have Korean-speaking guide?

有韩国导游吗?
yǒu hán guó dǎo yóu má
여우 한궈따오여우마

❏ 요금은 얼마입니까?

How much is it?

价钱是多少?
jià qián shì duō shǎo
자치엔 스뚸사오

UNIT 02 관광지에서

미술관이나 박물관은 휴관일을 확인하고, 티켓 판매는 폐관 30분에서 1시간 전까지이므로 그 점도 확인하고 나서 예정을 잡읍시다. 또한 불교나 도교의 사원은 관광지이기 전에 종교상의 신성한 건물입니다. 들어갈 때는 정숙하지 못한 복장이나 소란은 삼가야 합니다.

[
_____ 은(는) 어느 정도입니까?

How _____ is it?

有多少 _____ 。
yǒu duōshǎo

여우뚜어사오
]

☐ 높이	high	**高**(gāo)	까오
☐ 넓이	width	**宽**(kuān)	쿠안
☐ 역사(오래됨)	old	**历史**(lìshǐ)	리스
☐ 길이	long	**长**(cháng)	창

Q: 오늘 투어에 참가할 수 있습니까?
Can I join today's tour?

能参加今天的旅游吗?
néng cān jiā jīn tiān dè lǚ yóu má

넝찬쟈 진티엔더 뤼여우마

A: 죄송합니다만, 미리 예약을 하셔야 합니다.
Sorry, you have to book it in advance.

对不起, 需要提前预约。
duì bù qǐ   xū yào tí qián yù yuē

뚜이부치   쉬야오 티치엔위위에

218

✈ 관광버스 안에서

☐ 저것은 무엇입니까?
What is that?

那是什么?
nà shì shén me
나스 선머

☐ 저것은 무슨 강(산)입니까?
What is the name of that river(mountain)?

那是什么河(山)?
nà shì shén me hé shān
나스 선머허(산)

☐ 여기서 얼마나 머뭅니까?
How long do we stop here?

离这里有多远?
lí zhè lǐ yǒu duō yuǎn
리저리 여우뚜위엔

☐ 시간은 어느 정도 있습니까?
How long do we have?

有多少时间?
yǒu duō shǎo shí jiān
여우 뚜사오스지엔

☐ 자유시간은 있나요?
Do we have any free time.

有自由时间吗?
yǒu zì yóu shí jiān má
여우 즈여우스지엔마

☐ 몇 시에 버스로 돌아오면 됩니까?
By what time should I be back to the bus?

要几点钟回到车里?
yào jǐ diǎnzhōng huí dào chē lǐ
야오지디엔종 후이따오처리

관광 / 관광지에서

✈ 관광을 하면서

☐ **전망대는 어떻게 오릅니까?**
How can I get up to the observatory?

展望台怎么上去?
zhǎnwàng tái zěn me shàng qù
잔왕타이 쩐머상취

☐ **저 건물은 무엇입니까?**
What is that building?

那建筑物是什么?
nà jiàn zhù wù shì shén me
나지엔주우 스선머

☐ **누가 여기 살았습니까?**
Who lived here?

谁住过?
shéi zhù guo
쉐이 주꿔

☐ **언제 세워졌습니까?**
When was it built?

什么时候建的?
shén me shí hou jiàn de
선머스허우 지엔더

☐ **퍼레이드는 언제 있습니까?**
What time do you have the parade?

阅兵是什么时候?
yuè bīng shì shén me shí hou
위에빙스 선머스허우

☐ **몇 시에 돌아와요?**
What time will we come back?

几点回来?
jǐ diǎn huí lái
지디엔 후이라이

기념품점에서

□ **엽서는 어디서 삽니까?**
Where can I buy postcards?

明信片在哪儿买?
míng xìn piàn zài nǎ er mǎi

밍신피엔 짜이날마이

□ **엽서는 있습니까?**
Do you have postcards?

有明信片吗?
yǒu míng xìn piàn má

여우 밍신피엔마

□ **기념품 가게는 어디에 있습니까?**
Where is the gift shop?

纪念品店在哪儿?
jì niàn pǐn diàn zài nǎ er

지니엔핀띠엔 짜이날

□ **기념품으로 인기 있는 것은 무엇입니까?**
Could you recommend something popular for a souvenir?

什么纪念品受欢迎?
shén me jì niàn pǐn shòuhuānyíng

선머지니엔핀 서우후안잉

□ **뭔가 먹을 만한 곳은 있습니까?**
Is there a place where I can eat something?

什么地方的东西好吃?
shén me dì fang de dōng xi hǎo chī

선머디팡더 똥시하오츠

□ **이 박물관의 오리지널 상품입니까?**
Is it an original to this museum?

是这个博物馆的原始收藏品吗?
shì zhè ge bó wù guǎn de yuán shǐ shōucáng pǐn má

스저거보우꾸안더 위엔스셔우창핀마

관광

관광지에서

UNIT 03

관람을 할 때

여행을 하면서 그 도시의 정보지 등에서 서커스(杂技), 경극(京剧), 영화 등, 보고 싶은 것을 찾아서 미리 호텔의 인포메이션이나 관광안내소에서 예약을 해두는 것이 좋습니다. 표는 극장의 창구에서 사는 것이 가장 확실합니다. 적어도 공연의 3일전쯤에는 예매를 해두어야 합니다.

지금 인기 있는 _____ 은(는) 무엇입니까?

What's the most popular _____ now?

现在受欢迎的 _____ **是什么?**
xiàn zài shòuhuānyíng de   shì shén me

씨엔자이 소우후안잉더   스선머

- ☐ 영화   movie   **电影**(diànyǐng)   디엔잉
- ☐ 오페라   opera   **歌剧**(gējù)   거쥐
- ☐ 뮤지컬   musical   **音乐戏剧**(yīnyuèxìjù) 인위에시쥐
- ☐ 연극   play   **戏剧**(xìjù)   시쥐

Q: 우리들 자리는 어디죠?

Where're the seats?

我们的位置在哪里?
wǒ men de wèi zhì zài nǎ lǐ

워먼더웨이즈 짜이나리

A: 안내해 드리겠습니다.

Please follow me.

我带您去。
wǒ dài nín qù

워따이닌 취

입장료를 구입할 때

☐ 티켓은 어디서 삽니까?
　Where can I buy a ticket?

　门票在哪儿买?
　ménpiào zài nǎ er mǎi
　먼파오 짜이날마이

☐ 입장료는 유료입니까?
　Is there a charge for admission?

　入场券是收费的吗?
　rù chǎngquàn shì shōu fèi de má
　루창취엔스 셔우페이더마

☐ 입장료는 얼마입니까?
　How much is the admission fee?

　入场券多少钱?
　rù chǎngquàn duō shǎoqián
　루창취엔 뚸사오치엔

☐ 어른 2장 주세요.
　Two adults, please.

　请给我两张成人票。
　qǐng gěi wǒ liǎngzhāngchéng rén piào
　칭께이워 리앙장 청런파오

☐ 학생 1장 주세요.
　One student, please.

　请给我一张学生票。
　qǐng gěi wǒ yì zhāng xué shèngpiào
　칭께이워 이장 쉬에성파오

☐ 단체할인은 있습니까?
　Do you have a group discount?

　有团体票打折吗?
　yǒu tuán tǐ piào dǎ zhé má
　여우 투안티파오 따저마

관광 / 관람을 할 때

✈ 미술관에서

☐ **이 티켓으로 모든 전시를 볼 수 있습니까?**
Can I see everything with this ticket?

用这个票可以看所有展览吗?
yòng zhè ge piào kě yǐ kàn suǒ yǒu zhǎn lǎn má

융저거퍄오 커이칸 쉬여우잔란마

☐ **무료 팸플릿은 있습니까?**
Do you have a free brochure?

有免费的小册子吗?
yǒu miǎn fèi dè xiǎo cè zi má

여우미엔페이더 쌰오처즈마

☐ **짐을 맡아 주세요.**
I'd like to check this baggage.

我想存行李。
wǒ xiǎng cún xíng lǐ

워시앙 춘싱리

☐ **특별전을 하고 있습니까?**
Are there any temporary exhibitions?

现在正是特别展吗?
xiàn zài zhèng shì tè bié zhǎn má

시엔자이 정스 터삐에잔마

☐ **관내를 안내할 가이드는 있습니까?**
Is there anyone who can guide me?

有介绍馆内的解说员吗?
yǒu jiè shàoguǎn nèi dè jiě shuōyuán má

여우지에사오 꽌네이더 지에슈오위엔마

☐ **이 그림은 누가 그렸습니까?**
Who painted this picture?

这画是谁画的?
zhè huà shì shéi huà dè

저화스 쉐이화더

✈ 박물관에서

□ **그 박물관은 오늘 엽니까?**
Is the museum open today?

那个博物馆今天开吗?
nà ge bó wù guǎn jīn tiān kāi má
나거보우꾸안 진티엔카이마

□ **단체할인은 있나요?**
Do you have a group discount?

有没有集体打折?
yǒu méi yǒu jí tǐ dǎ zhé
여우메이여우 지티따저

□ **재입관할 수 있습니까?**
Can I reenter?

可以再入内吗?
kě yǐ zài rù nèi má
커이 짜이루네이마

□ **내부를 견학할 수 있습니까?**
Can I take a look inside?

可以参观里面吗?
kě yǐ cān guān lǐ miàn má
커이 찬꾸안 리미엔마

□ **출구는 어디입니까?**
Where is the exit?

出口在哪儿?
chū kǒu zài nǎ r
추커우 짜이날

□ **화장실은 어디입니까?**
Where is the rest room?

厕所在哪里?
cè suǒ zài nǎ lǐ
처숴짜이나리

관광 관람을 할 때

✈ 극장에서

❏ **극장 이름은 뭡니까?**
What's the name of the theater?

电影院叫什么名字?
diànyǐngyuàn jiào shén me míng zì
디엔잉위엔 쟈오선머밍즈

❏ **오늘밤에는 무엇을 상영합니까?**
What's on tonight?

今天晚上上映什么?
jīn tiān wǎnshàngshàngyìngshén me
진티엔완상 상잉선머

❏ **재미있습니까?**
Is it good?

有意思吗?
yǒu yì sī mǎ
여우이스마

❏ **누가 출연합니까?**
Who appears on it?

谁演的?
shéi yǎn dè
쉐이 이엔더

❏ **오늘 표는 아직 있습니까?**
Are today's tickets still available?

今天的票还有吗?
jīn tiān dè piào hái yǒu mǎ
진티엔더퍄오 하이여우마

❏ **몇 시에 시작됩니까?**
What time does it start?

几点钟开始?
jǐ diǎnzhōng kāi shī
지띠엔종 카이스

✈ 콘서트·뮤지컬

❏ 뮤지컬을 보고 싶은데요.
We'd like to see a musical.

想看音乐戏剧。
xiǎng kàn yīn yuè xì jù
씨앙칸 인위에시쥐

❏ 여기서 티켓을 예약할 수 있나요?
Can I make a ticket reservation here?

在这里能预定票吗?
zài zhè lǐ néng yù dìng piào mǎ
짜이저리 넝위딩 파오마

❏ 이번 주 클래식 콘서트는 없습니까?
Are there any classical concerts this week?

这个礼拜没有古典音乐会吗?
zhè ge lǐ bài méi yǒu gǔ diǎn yīn yuè huì mǎ
저거리빠이 메이여우 꾸디엔인위에후이마

❏ 내일 밤 표를 2장 주세요.
Two for tomorrow night, please.

请给我两张明天晚上的票。
qǐng gěi wǒ liǎng zhāng míng tiān wǎn shàng de piào
칭께이워 리앙장 밍티엔완샹더 파오

❏ 가장 싼 자리는 얼마입니까?
How much is the cheapest seat?

最便宜的位置是哪里?
zuì pián yí de wèi zhì shì nǎ lǐ
쭈이피엔이 더웨이즈 스나리

❏ 가장 좋은 자리를 주세요.
I'd like the best seats.

请给我最好的位置。
qǐng gěi wǒ zuì hǎo de wèi zhì
칭께이워 쭈이하오더 웨이즈

관광 | 관람을 할 때

UNIT 04 사진을 찍을 때

Travel Chinese

국보급의 석굴이나 사원, 박물관에서는 사진촬영이 금지되어 있는 곳이 많으므로 게시판을 잘 살펴야 합니다. 부주의하여 촬영을 한 경우 벌금을 내거나 필름을 압수당하는 경우도 있습니다. 또한 함부로 다른 사람에게 카메라를 향하는 것은 예의에 어긋나므로, 찍고 싶은 상대에게 허락을 받고 나서 사진을 찍어야 합니다.

필름 1통 주시겠어요?
Can I have a roll of _____ film?
请给我一盒 _____ **胶卷。**
qǐng gěi wǒ yì hé / jiāo juǎn

칭께이워이허 / 자오쥐엔

☐ 컬러	color	**彩色**(cǎisè)	차이서
☐ 흑백	black and white	**黑白**(hēibái)	헤이빠이
☐ 24판	24 exposure	**24寸**(cùn)	얼스쓰춘
☐ 36판	36 exposure	**36寸**(cùn)	산스리우춘

Q: 사진 한 장 찍어 주시겠어요?
Will you take a picture of me?
能给我照一张相吗?
néng gěi wǒ zhào yì zhāngxiàng má

넝께이워 자오이장시앙마

A: 좋습니다. 어느 버튼을 누르면 됩니까?
Okay. Which button should I press?
好的, 要按哪个按钮?
hǎo de yào àn nǎ ge àn niǔ

하오더 야오안 나거안니우

사진촬영을 허락받을 때

☐ 여기서 사진을 찍어도 됩니까?
May I take a picture here?

可以在这里照相吗?
kě yǐ zài zhè lǐ zhàoxiàng má
커이 짜이저리 자오시앙마

☐ 여기서 플래시를 터뜨려도 됩니까?
May I use a flash here?

在这里可以用闪光灯吗?
zài zhè lǐ kě yǐ yòngshǎnguāngdēng má
짜이저리 커이용 샨꾸앙덩마

☐ 비디오 촬영을 해도 됩니까?
May I take a video?

可以录像吗?
kě yǐ lù xiàng má
커이 루시앙마

☐ 당신 사진을 찍어도 되겠습니까?
May I take your picture?

可以照您吗?
kě yǐ zhào nín má
커이자오 닌마

☐ 함께 사진을 찍으시겠습니까?
Would you take a picture with me?

可以一起照相吗?
kě yǐ yì qǐ zhàoxiàng má
커이이치 자오시앙마

☐ 미안해요, 바빠서요.
Actually, I'm in a hurry.

对不起我很急。
duì bù qǐ wǒ hěn jí
뚜이부치 워헌지

관광 사진을 찍을 때

사진촬영을 부탁할 때

☐ 사진 좀 찍어 주시겠어요?
Would you take a picture of me?

能和我照张相吗?
néng hé wǒ zhàozhāngxiàng má

넝허워 자오장시앙마

☐ 셔터를 누르면 됩니다.
Just push the button.

按快门就可以了。
àn kuàimén jiù kě yǐ le

안콰이먼 져우커이러

☐ 여기서 우리들을 찍어 주십시오.
Please take a picture of us from here?

请在这里给我们照相。
qǐng zài zhè li gěi wǒ mēnzhàoxiàng

칭짜이 저리께이워먼 자오시앙

☐ 한 장 더 부탁합니다.
One more, please.

请再照一张。
qǐng zài zhào yì zhāng

칭짜이자오 이장

☐ 나중에 사진을 보내드리겠습니다.
I'll send you the picture.

过后把照片邮寄给您。
guò hòu bǎ zhàopiàn yóu jì gěi nín

꿔허우 바자오피엔 여우지께이닌

☐ 주소를 여기서 적어 주시겠어요?
Could you write your address down here?

请把地址写在这里。
qǐng bǎ dì zhǐ xiě zài zhè li

칭바 디즈 시에짜이쩌리

필름가게에서

□ 이거하고 같은 컬러필름은 있습니까?
Do you have the same color film as this?

有和这个一样的彩色胶卷吗?
yǒu hé zhè ge yí yàng de cǎi sè jiāo juǎn má

여우허 저거이양더 차이서쟈오쥐엔마

□ 건전지는 어디서 살 수 있나요?
Where can I buy a battery?

在哪里能买到电池?
zài nǎ li néng mǎi dào diàn chí

짜이나리녕마이따오 띠엔츠

□ 어디서 현상할 수 있습니까?
Where can I have this film developed?

在哪儿可以冲洗胶卷?
zài nǎ er kě yǐ chōng xǐ jiāo juǎn

짜이날커이총씨 쟈오쥐엔

□ 이것을 현상해 주시겠어요?
Could you develop this film?

请给我冲洗这个。
qǐng gěi wǒ chōng xǐ zhè ge

칭께이워 총시저거

□ 인화를 해 주시겠어요?
Could you make copies of this picture?

请给我加洗。
qǐng gěi wǒ jiā xǐ

칭께이워 쟈시

□ 언제 됩니까?
When can I have it done by?

什么时候可以取?
shén me shí hòu kě yǐ qǔ

선머스허우 커이취

관광 / 사진을 찍을 때

UNIT 05 — Travel Chinese

오락을 즐길 때

디스코나 가라오케는 중국의 젊은이들 사이에 인기가 많아서 호텔이나 시내에서는 밤 늦게까지 영업을 합니다. 요즘은 입구에서 티켓을 사는 경우와 끝난 다음에 지불하는 곳도 있습니다. 간혹 손님의 질이 별로 좋지 않는 가게도 있으므로 호텔 프런트 등에 확인하고 나서 가는 것이 안전합니다.

[
_____ 을(를) 주시겠어요?

May I have a _____ .

能给我 _____ **吗?**
néng gěi wǒ   ma

넝께이워   마
]

- ☐ 위스키 whiskey **威士忌**(wēishìjì) 웨이스지
- ☐ 콜라 coke **可乐**(kělè) 커러
- ☐ 커피 coffee **咖啡**(kāfēi) 카페이
- ☐ 맥주 beer **啤酒**(píjiǔ) 피져우

Q : 쇼는 언제 시작됩니까?

When does the show start?

演出什么时候开始?
yǎn chū shén me shí hòu kāi shǐ

이엔추 선머스허우 카이스

A : 곧 시작됩니다.

Very soon, sir.

马上就开始。
mǎ shàng jiù kāi shǐ

마상 져우카이스

나이트클럽에서

□ **좋은 나이트클럽은 있나요?**
Do you know of a good nightclub?

有好夜总会吗?
yǒu hǎo yè zǒng huì má
여우 하오 예종후이마

□ **디너쇼를 보고 싶은데요.**
I want to see a dinner show.

想看晚会。
xiǎng kàn wǎn huì
시앙칸 완후이

□ **이건 무슨 쇼입니까?**
What kind of show is this?

这是什么演出?
zhè shì shén mè yǎn chū
저스 선머이엔추

□ **무대 근처 자리로 주시겠어요?**
Can I have a table near the stage, please?

能给我离舞台近的座位吗?
néng gěi wǒ lí wǔ tái jìn de zuò wèi má
넝께이워 리우타이 진더쮜웨이마

□ (클럽에서) **어떤 음악을 합니까?**
What kind of music are you performing?

都有什么音乐?
dōu yǒu shén mè yīn yuè
떠우여우 선머인위에

□ **함께 춤추시겠어요?**
Will you dance with me?

能和我一起跳舞吗?
néng hé wǒ yī qǐ tiào wǔ má
넝허워이치 탸오우마

관광 / 오락을 즐길 때

디스코텍 · 가라오케에서

❑ 근처에 가라오케는 있습니까?
Is there any karaoke around here?

这附近有卡拉OK吗?
zhè fù jìn yǒu kǎ lā   má

저푸진 여우카라오케마

❑ 젊은 사람이 많습니까?
Are there many young people?

年轻人多吗?
niánqīng rén duō má

니엔칭런뚜오마

❑ 어서 오십시오. 몇 분이십니까?
Good morning. How many?

欢迎光临, 几位?
huānyíngguāng lín   jǐ wèi

후안잉꾸앙린   지웨이

❑ 무엇을 드시겠습니까?
What would you like to drink?

要吃(喝)点什么?
yào chī   hē diǎnshén me

야오츠(허)띠엔 선머

❑ 한국 노래는 있습니까?
Do you have Korean music?

有韩国歌吗?
yǒu hán guó gē má

여우 한궈꺼마

❑ 노래를 잘 하시는군요.
You are a good singer.

您唱的真好。
nín chàng de zhēn hǎo

닌창더 전하오

카지노에서

□ 카지노는 몇 시부터 합니까?
What time does the casino open?

赌场从几点开始?
dǔ chǎngcóng jǐ diǎn kāi shǐ
뚜창 총지띠엔 카이스

□ 좋은 카지노를 소개해 주시겠어요?
Could you recommend a good casino?

请给我介绍好赌场。
qǐng gěi wǒ jiè shào hǎo dǔ chǎng
칭께이워 지에사오 하오뚜창

□ 카지노는 아무나 들어갈 수 있습니까?
Is everyone allowed to enter casinos?

赌场谁都可以进吗?
dǔ chǎngshéi doū kě yǐ jìn má
뚜창 쉐이떠우커이 찐마

□ 칩은 어디서 바꿉니까?
Where can I get chips?

币子在哪儿换?
bì zǐ zài nǎ er huàn
비즈 짜이날후안

□ 어떻게 하면 됩니까?
How can I play this?

我该怎么办?
wǒ gāi zěn me bàn
워까이 쩐머반

□ 현금으로 주세요
Cash, please.

请给我现金。
qǐng gěi wǒ xiàn jīn
칭께이워 씨엔진

관광 오락을 즐길 때

UNIT 06 Travel Chinese
스포츠를 즐길 때

많은 민족이 사는 중국에서는 지방마다 각 민족의 새해를 축하하는 행사 이외에 여러 가지 축제가 개최됩니다. 민족의상을 걸친 사람들이 모이고 시장이 서고, 민족악기가 연주되며 경마 등도 행해집니다. 이와 같은 전통행사의 날짜는 음력이나 각 민족 고유의 달력에 따라 정해지기 때문에 매년 조금씩 다릅니다.

[
저는 _____ 을(를) 하고 싶습니다.

I'd like to _____.

我想打 _____ 。
wǒ xiǎng dǎ

워시앙따
]

- ☐ 골프   play golf
- ☐ 테니스 play tennis
- ☐ 스키   go skiing
- ☐ 서핑   go surfing

高尔夫球(gāoěrfūqiú)   까오얼푸치우
网球(wǎngqiú)   왕치우
滑雪(huáxuě)   후아쉬에
冲浪(chōnglàng)   총랑

Q: 함께 하시겠어요?

Would you join us?

要一起来吗?
yào yì qǐ lái mà

야오이치 라이마

A: 고맙습니다.

Thank you.

谢谢!
xiè xie

씨에씨에

스포츠를 관전할 때

□ **농구시합을 보고 싶은데요.**
I'd like to see a basketball game.

想看篮球比赛。
xiǎng kàn lán qiú bǐ sài
시앙칸 란취우 비싸이

□ **오늘 축구 시합은 있습니까?**
Is there a soccer game today?

今天有足球赛吗?
jīn tiān yǒu zú qiú sài mà
진티엔 여우 주치우싸이마

□ **어디서 합니까?**
Where is the stadium?

在哪儿比?
zài nǎ r bǐ
짜이날삐

□ **몇 시부터입니까?**
What time does it begin?

从几点开始?
cóng jǐ diǎn kāi shǐ
총 지디엔카이스

□ **어느 팀의 시합입니까?**
Which teams are playing?

哪个队在比赛?
nǎ ge duì zài bǐ sài
나거뚜이 짜이삐싸이

□ **표는 어디서 삽니까?**
Where can I buy a ticket?

在哪儿买票?
zài nǎ r mǎi piào
짜이날 마이파오

관광 스포츠를 즐길 때

골프·테니스

□ 골프를 하고 싶은데요.
We'd like to play golf.

我想打高尔夫球。
wǒ xiǎng dǎ gāo ěr fū qiú
워시앙따 까오얼푸치우

□ 테니스를 하고 싶은데요.
We'd like to play tennis.

我想打网球。
wǒ xiǎng dǎ wǎng qiú
워시앙따 왕치우

□ 골프 예약을 부탁합니다.
Can I make a reservation for golf?

请给我预约高尔夫球。
qǐng gěi wǒ yù yuē gāo ěr fū qiú
칭께이워 위위에 까오얼푸치우

□ 오늘 플레이할 수 있습니까?
Can we play today?

今天可以比赛吗?
jīn tiān kě yǐ bǐ sài má
진티엔 커이 삐싸이마

□ 그린피는 얼마입니까?
How much is the green fee?

报名费是多少钱?
bào míng fèi shì duō shǎoqián
빠오밍페이 스뚸사오치엔

□ 이 호텔에 테니스코트는 있습니까?
Do you have a tennis court in the hotel?

这宾馆有网球场吗?
zhè bīn guǎn yǒu wǎng qiú chǎng má
쩌빈꾸안 여우 왕치우창마

✈ 레저 즐기기

□ 스키를 하고 싶은데요.
I'd like to ski.

我想滑雪。
wǒ xiǎng huá xuě
워시앙 화쉬에

□ 레슨을 받고 싶은데요.
I'd like to take ski lessons.

我想受训。
wǒ xiǎng shòu xùn
워시앙 셔우쒼

□ 스키용품은 어디서 빌릴 수 있나요?
Where can I rent ski equipment?

滑雪用具在哪儿可以借?
huá xuě yòng jù zài nǎ er kě yǐ jiè
후아쉬에용쥐 짜이날 커이지에

□ 리프트 승강장은 어디인가요?
Where can I get on a ski lift?

滑雪升降机在哪里?
huá xuě shēng jiàng jī zài nǎ lǐ
후아쉬에성지앙지 짜이나리

□ 짐은 어디에 보관하나요?
Where's the checkroom?

行李在哪儿保管?
xíng lǐ zài nǎ er bǎo guǎn
싱리 짜이날 바오꾸안

□ 어떤 종류의 쿠루진이 있습니까?
What kind of cruising do you have?

都有什么种类的船?
dōu yǒu shén me zhǒng lèi de chuán
떠우여우 선머종레이더추안

관광 스포츠를 즐길 때

각종 표지	
男士专用	남자용
女士专用	여성용
紧急出口	비상구
免费入场	무료입장
入口	입구
出口	출구
拉	당기시오
推	미시오
停止	멈추시오
预约	예약됨
服务站	안내소
禁止吸烟	금연
禁止摄影	촬영금지
使用中	사용중
开	열림(엘리베이터)
关	닫힘(엘리베이터)
关门	문을 닫음
危险	위험

PART 7

쇼핑

가게를 찾을 때
물건을 찾을 때
물건을 고를 때
백화점·면세점에서
물건값을 계산할 때
포장·배송을 원할 때
물건에 대한 클레임

Travel Information

쇼핑에 관한 정보

✈ 중국에서의 쇼핑 상식

중국에서 물건을 산다는 것은 굉장한 노력을 필요로 하는 것은 아니다. 단, 가격 흥정에서부터 물건의 진위 여부까지 멋모르고 샀다가 낭패를 보는 경우가 많으므로 주의를 기울여서 사는 것이 좋다.

◇ 가격 흥정을 잘 한다.

중국에서 쇼핑할 때 확실히 기억해 두어야 할 것은 무조건 가격을 깎아야 한다는 것이다. 심지어는 백화점에서 가격표가 붙어 있는 경우에도 깎으려고 마음만 먹는다면 깎을 수 있다. 중국인들은 외국인이라고 판단이 내려지면 무조건 비싼 가격을 부르는 경향이 있는데, 이것을 곧이곧대로 믿고 산다면 십중팔구는 바가지를 쓰게 된다. 조금 귀찮은 생각이 들더라도 깎아 보도록 하자. 보통 2배 정도의 가격에서 심지어는 10배 이상의 터무니없는 가격을 부르기도 한다. 특히 자유시장이나 관광지의 기념품 가게에서는 50~70% 정도 깎는 것이 좋다.

◇ 가격은 천차만별이다.

중국은 아직 시장경제가 정착되지 않았기 때문에 가격제도가 소비자 중심이 아니라 생산자 중심이다. 그래서 가격이 일률적이지 않고 파는 사람 기준에 따라 다르다. 아무리 백화점에서도 같은 물건이더라도 가격이 곳에 따라 차이가 있는 곳도 있다. 그러므로 바가지를 쓰지 않고 제대로 사려면 이곳저곳 돌아다녀 본 후에 가장 가격이 싼 곳을 찾아야 할 정도이다. 중국에서 물건을 바가지 쓰지 않고 사려면 대단한 노력이 아니고서는 잘 살 수 없다는 것을 기억하자.

◇ 중국 상품 중에는 가짜가 많다.

중국에서 물건을 살 때 또 하나 반드시 주의해야 할 점은 가짜 상품이 많다는 것이다. 일단 다른 곳보다 싸다고 생각되어 무심코 사 버리면 나중에 자세히 보면 진짜 상품을 모방하여 만든 것임을 여기저기에서 쉽게 찾아볼 수 있다. 중국에서는 물건을 싸게 사는 것도 잘사는 요령 중의 하나지만 이때는 자칫하면 가짜 상품을 사게 되는 위험도 있으므로 주의한다. 결국 가짜 상품에 속지 않으려면 가격은 다른 곳에 비해서 조금 비싸지만, 외국인 전용 상점이나 백화점 혹은 국영상점 등에서 사는 것이 가장 안전하다

◇ 파는 방식이 다르다.

중국에서는 포장된 물건 이외에 채소나 과일 등을 살 때는 저울에 무게를 달아서 파는 것이 일반적이다. 수량 기준이 아니라 중량 기준인 셈이다. 예를 들어 수박은 우리나라처럼 1통씩 팔지 않고 1근, 2근 등의 무게 단위로 잘라서 판다. 중국에서 1근은 육류나 채소를 막론하고 0.5㎏이다. 물건을 저울에 재서 팔 때도 개중에는 눈금을 속여서 파는 경우도 있다. 결국 중국은 눈뜨고 코 베어 가는 곳인 셈인데, 중국에서 실패하지 않고 물건을 사려면 대단한 안목과 노력이 필요하다고 할 수 있다.

✈ 쇼핑 장소

◇ 우의상점(友谊商店)

대도시의 호텔 주변에 위치한 외국인 전용 상점으로 중국인들도 이용하지만 외국인들의 이용이 더 많다. 대부분의 상품은 믿을 만하지만 일반 시중에서 살 수 있는 것보다 가격이 조금 비싸다. 상품은 중국의 특산품들이 대부분이다. 실크, 자기, 보석, 그리고 한방약품 등이 진열되어 있는데, 어느 도시에나 있다.

◇ 백화점

베이징이나 상하이, 광저우 등의 대도시에는 대규모의 백화점이 많이 들어서고 있다. 외국자본이나 화교들의 자본으로 세워지는 경우와 중국 국영인 곳도 있다. 이곳에는 중국 국내 상품뿐만 아니라 우리나라에는 수입되지 않는 외국의 유명 브랜드 제품까지 매우 다양하게 진열되어 있다. 요즘의 중국은 자영업과 개방화가 빠르게 진행되어 외국 브랜드가 많이 들어와 있는 실정이다.

◇ 자유시장

1970년부터 일부 자영업을 허용하면서 생긴 곳으로 이곳에는 개체호(个体户: 거티후)라는 자영업자들이 운영하는 상점들이 모여 있다. 이미 일부 부유층을 형성하고 있는 이들은 일찍부터 이곳에서 영업을 시작했다고 보면 된다. 이곳에서는 특히 가격 흥정에 따라 아주 싸게 살 수 있는 이점이 있지만, 물건들은 대개 조잡한 것들이 많고 특히 가짜를 살 위험이 있다. 굳이 살 만한 것들이 없다 하더라도 한번 정도 찾아가 보는 것이 여행의 묘미를 더해 준다. 다양한 중국인들의 삶을 가까이서 피부로 느낄 수 있기 때문이다.

◇ 전문점

한약이나 중국차, 문방사우, 서화나 골동품 등은 전문점에서 사는 것이 좋다. 이곳에서는 각종 신용카드로 구입할 수도 있다. 영업시간은 대개 09:00~17:00나 19:00까지이다.

UNIT 01 | Travel Chinese

가게를 찾을 때

각 도시에는 백화점, 쇼핑센터, 전문점이 많이 생겨나고 있으며 물건이 잘 갖추어져 있습니다. 저렴함, 품질, 유행에 있어서도 외국인 전용 백화점격인 友谊商店보다 뒤떨어지지 않으므로 쇼핑 정보를 잘 이용하면 저렴하고 좋은 품질의 물건을 구입할 수 있습니다.

[이 주변에 _____ 은(는) 있습니까?

Is there a _____ around here?

这附近有 _____ **吗?**
zhè fù jìn yǒu　　　　　　　　ma

저푸진여우　　　　　　　　　　마]

- □ 슈퍼마켓　supermarket　　**超级市场**(chāojíshìchǎng)　차오지스창
- □ 쇼핑센터　shopping center　**购物中心**(gòuwùzhōngxīn)　꺼우우종신
- □ 선물가게　gift store　　　**礼品店**(lǐpǐndiàn)　　리핀띠엔
- □ 보석가게　jewelry store　**珠宝店**(zhūbǎodiàn)　주바오띠엔

Q : 이건 어디서 살 수 있습니까?

Where can I buy this?

这个在哪里可以买到?
zhè ge zài nǎ lǐ kě yǐ mǎi dào

저거짜이나리커이마이따오

A : 할인점에서 살 수 있습니다.

At the discount shop.

在那个购物中心就可以买到。
zài nà ge gòu wù zhōng xīn jiù kě yǐ mǎi dào

짜이나거 꺼우우종신 저우 커이마이따오

쇼핑센터를 찾을 때

쇼핑센터는 어디에 있습니까?
Where's shopping mall?

购物中心在哪里?
gòu wù zhōng xīn zài nǎ lǐ
꺼우우종신 짜이나리

이 도시의 쇼핑가는 어디에 있습니까?
Where is the shopping area in this town?

这个城市的购物街在哪里?
zhè gè chéng shì dè gòu wù jiē zài nǎ lǐ
저거청스더꺼우우지에 짜이나리

쇼핑 가이드는 있나요?
Do you have a shopping guide?

有购物导游吗?
yǒu gòu wù dǎo yóu mà
여우 꺼우우다오여우마

선물은 어디서 살 수 있습니까?
Where can I buy some souvenirs?

在哪儿可以买礼物?
zài nǎ er kě yǐ mǎi lǐ wù
짜이날 커이마이 리우

면세점은 있습니까?
Is there a duty-free shop?

有免税店吗?
yǒu miǎn shuì diàn mà
여우 미엔수이띠엔마

이 주변에 백화점은 있습니까?
Is there a department store around here?

这附近有百货商店吗?
zhè fù jìn yǒu bǎi huò shāng diàn mà
저푸진여우 바이훠샹띠엔마

쇼핑 | 가게를 찾을 때

✈ 가게를 찾을 때

☐ 가장 가까운 슈퍼는 어디에 있습니까?
Where's the nearest grocery store?

最近的超市在哪里?
zuì jìn de chāo shì zài nǎ lǐ
쭈이진더차오스 짜이나리

☐ 편의점을 찾고 있습니다.
I'm looking for a convenience store.

我在找便利店。
wǒ zài zhǎobiàn lì diàn
워짜이자오 삐엔리띠엔

☐ 좋은 스포츠 용품점을 가르쳐 주시겠어요?
Could you recommend a good sporting goods store?

请告诉我好体育用品商店。
qǐng gào sù wǒ hǎo tǐ yù yòng pǐn shāngdiàn
칭까오수워 하오티위융핀 상띠엔

☐ 세일은 어디서 하고 있습니까?
Who's having a sale?

在哪里打折?
zài nǎ lǐ dǎ zhé
짜이나리 따저

☐ 이 주변에 할인점은 있습니까?
Is there a discount shop around here?

这附近有贱卖商店吗?
zhè fù jìn yǒu jiàn mài shāngdiàn má
저푸진 여우 지엔마이상띠엔마

☐ 그건 어디서 살 수 있나요?
Where can I buy it?

在哪里能买到?
zài nǎ lǐ néng mǎi dào
짜이나리 넝마이따오

가게로 가고자 할 때

☐ 그 가게는 오늘 열려 있습니까?
Is that shop open today?

那个店今天营业吗?
nà ge diàn jīn tiān yíng yè má
나거띠엔 진티엔 잉예마

☐ 여기서 멉니까?
Is that far from here?

离这儿远吗?
lí zhè er yuǎn má
리절 위엔마

☐ 몇 시에 개점합니까?
What time do you open?

几点开门?
jǐ diǎn kāi mén
지디엔 카이먼

☐ 몇 시에 폐점합니까?
What time do you close?

几点关门?
jǐ diǎn guān mén
지디엔 꽌먼

☐ 영업시간은 몇 시부터 몇 시까지입니까?
What are your business hours?

营业时间是从几点到几点?
yíng yè shí jiān shì cóng jǐ diǎn dào jǐ diǎn
잉예스지엔스 총지디엔 따오지디엔

☐ 몇 시까지 합니까?
How late are you open?

到几点?
dào jǐ diǎn
따오지띠엔

쇼핑 가게를 찾을 때

쇼핑의 기본 어휘

상점	商店(shāngdiàn) [상띠엔]
사다	买(mǎi) [마이]
팔다	卖(mài) [마이]
물건을 사다	买东西(mǎidōngxī) [마이똥씨]
점원	售员(shòuyuán) [셔우위엔]
매장	售货处(shòuhuòchù) [셔우훠추]
얼마	多少钱(duōshǎoqián) [뚸사오치엔]
가격	价格(jiàgé) [쟈거]
정가	定价(dìngjià) [띵쟈]
가격표	价目单(jiàmùdān) [쟈무딴]
비싸다	贵(guì) [꾸이]
싸다	便宜(piányì) [피엔이]
대금	代价(dàijià) [따이쟈]
~장	~张(zhāng) [장]
~개	~个(ge) [거]
~권	~本(běn) [뻔]
~족	~双(shuāng) [수앙]
~타스	打(dǎ) [따]

가게·상품

가게	~店(diàn) [띠엔]
백화점	百货商店(bǎihuòshāngdiàn) [바이훠상띠엔]
면세점	免税商店(miǎnshuìshāngdiàn) [미엔수이상띠엔]
양복점	服装店(fúzhuāngdiàn) [푸주앙띠엔]
양화점	鞋店(xiédiàn) [시에띠엔]
선물가게	礼品店(lǐpǐndiàn) [리핀띠엔]
시장	市场(shìchǎng) [스창]
일용품	日用品(rìyòngpǐn) [르융핀]
특산품	特产品(tèchǎnpǐn) [터찬핀]

화장품	化妆品(huàzhuāngpǐn) [후아주앙핀]
장식품	装饰品(zhuāngshìpǐn) [주앙스핀]
피혁제품	皮革制品(pígézhìpǐn) [피거즈핀]
공예품	工艺品(gōngyìpǐn) [공이핀]
기념품	纪念品(jìniànpǐn) [지니엔핀]
문방구	文具(wénjù) [원쥐]
작품	作品(zuòpǐn) [쭈오핀]
진품	珍品(zhēnpǐn) [전핀]
복제품	复制品(fùzhìpǐn) [푸즈핀]
한약	中药(zhōngyào) [종야오]

귀금속

귀금속	贵金属(guìjīnshǔ) [꾸이진수]
반지	戒指(jièzhǐ) [지에즈]
목걸이	项链(xiàngliàn) [시앙리엔]
팔찌	手镯(shǒuzhuó) [셔우줘]
귀걸이	耳环(ěrhuán) [얼후안]
브로치	胸针(xiōngzhēn) [슝전]
보석	宝石(bǎoshí) [빠오스]
금	金(jīn) [진]
은	银(yín) [인]
칠보	景泰蓝(jǐngtàilán) [징타이란]
다이아몬드	钻石(zuānshí) [주안스]
진주	珍珠(zhēnzhū) [전주]
루비	红玉(hóngyù) [홍위]
호박	湖泊(húbó) [후보]
옥	玉(yù) [위] · 翡翠(fěicuì) [페이추이]
상아	象牙(xiàngyá) [샹야]
수정·크리스탈	水晶(shuǐjīng) [수이징]
도자기	陶瓷器(táocíqì) [타오츠치]

UNIT 02 — 물건을 찾을 때

> 友谊商店이나 외국인 전용의 가게, 일류 백화점에서는 영어나 간혹 한국어를 하는 점원(售货员)이 있는 곳도 있으므로 사고 싶은 것이 있으면 가볍게 말을 걸어 봅시다. 사람을 부를 때는 劳驾(라오쟈)라고 하며, 질문을 할 때는 请问(칭원)을 사용합니다.

[
_____ 을(를) 보여 주세요.

Please show me _____ .

请给我看 _____ 。
qǐng gěi wǒ kàn

칭께이워칸
]

- 이것 — this — 这个 (zhège) — 쩌거
- 저것 — that — 那个 (nàge) — 나거
- 티셔츠 — T-shirt — T衬衫 (Tchènshān) — 티천산
- 선글라스 — sunglasses — 太阳眼镜 (tàiyángyǎnjìng) — 타이양옌찡

Q: 무얼 찾으십니까?

What can I do for you.

在找什么?
zài zhǎoshén me

짜이자오 선머

A: 원피스를 찾고 있는데요.

I'm looking for a one-piece dress.

在找连衣裙。
zài zhǎolián yī qún

짜이자오 리엔이췬

가게 안에서

☐ (점원) 어서 오십시오.
What can I do for you?

欢迎光临!
huānyíngguāng lín
후안잉꾸앙린

☐ 무얼 찾으십니까?
May I help you?

在找什么?
zài zhǎoshén me
짜이자오 선머

☐ 그냥 보고 있을 뿐입니다.
I'm just looking.

只是看一看。
zhǐ shì kàn yi kàn
즈스 칸이칸

☐ 필요한 것이 있으시면 말씀하십시오.
If you need any help, let me know.

有什么需要的请说。
yǒu shén me xū yào de qǐngshuō
여우선머 쉬야오더 칭수오

물건을 찾을 때

☐ 여기 잠깐 봐 주시겠어요?
Hello. Can you help me?

请过来一下。
qǐng guò lái yí xià
칭 꿔라이이샤

☐ 블라우스를 찾고 있습니다.
I'm looking for a blouse.

在找短袖衫。
zài zhǎoduǎn xiù shān
짜이자오 시우샨

- 코트를 찾고 있습니다.
  I'm looking for a coat.

  我想买大衣。
  wǒ xiǎng mǎi dà yī
  워시앙마이 따이

- 운동화를 사고 싶은데요.
  I want a pair of sneakers.

  我想买运动鞋。
  wǒ xiǎng mǎi yùn dòng xié
  워시앙마이 윈뚱시에

- 아내에게 선물할 것을 찾고 있습니다.
  I'm looking for something for my wife.

  在找送给妻子的礼物。
  zài zhǎosòng gěi qī zǐ de lǐ wù
  짜이자오 송께이 치즈더 리우

- 캐주얼한 것을 찾고 있습니다.
  I'd like something casual.

  在找轻便一点的。
  zài zhǎoqīngbiàn yì diǎn de
  짜이자오 칭삐엔이띠엔더

- 샤넬은 있습니까?
  Do you have Chanel?

  有香奈尔吗?
  yǒu xiāng nài ěr má
  여우 시앙나이얼마

- 선물로 적당한 것은 없습니까?
  Could you recommend something good for a souvenir?

  没有可以做礼物用的吗?
  méi yǒu kě yǐ zuò lǐ wù yòng de má
  메이여우 커이 쭤리우융더마

구체적으로 찾는 물건을 말할 때

❏ 저걸 보여 주시겠어요?
Would you show me that one?

能给我看一下那个吗?
néng gěi wǒ kàn yí xià nà ge ma
넝께이워 칸이샤 나거마

❏ 면으로 된 것이 필요한데요.
I'd like something in cotton.

需要棉质的。
xū yào mián zhì de
쉬야오 미엔즈더

❏ 이것과 같은 것은 있습니까?
Do you have any more like this?

有和这个一样的吗?
yǒu hé zhè ge yí yàng de ma
여우 허저거 이양더마

❏ 이것뿐입니까?
Is this all?

就这些吗?
jiù zhè xiē ma
저우 저시에마

❏ 이것 6호는 있습니까?
Do you have this in size six?

这个有六号吗?
zhè ge yǒu liù hào ma
저거 여우리우하오마

❏ 30세 정도의 남자에게는 뭐가 좋을까요?
What do you suggest for a thirty-year-old man?

给30岁的男人买什么好呢?
gěi suì de nán rén mǎi shén me hǎo ne
께이싼스쑤이더난런 마이선머하오너

쇼핑

물건을 찾을 때

UNIT 03 Travel Chinese
물건을 고를 때

가게에 들어가서 상품에 함부로 손을 대지 않도록 합니다. 가게에 진열되어 있는 상품은 어디까지나 샘플이기 때문에 손을 대는 것은 살 마음이 있다고 상대가 받아들일 수도 있습니다. 보고 싶을 경우에는 옆에 있는 점원에게 부탁을 해서 꺼내오도록 해야 합니다.

이건 저에게 너무 _____

This is too _____ for me.

对我来说太_____了。
duì wǒ lái shuō tài _____ le

뚜이워라이쉬타이 _____ 러

- ☐ 큽니다   big   **大**(dà)   따
- ☐ 작습니다 small **小**(xiǎo) 샤오
- ☐ 깁니다   long   **长**(cháng) 창
- ☐ 짧습니다 short **短**(duǎn) 뚜안

Q: 어떤 게 좋을까요?

Which one looks better?

什么样的好呢?
shén me yàng de hǎo ne

선머양더 하오너

A: 모두 어울립니다.

They both look good on you.

都很合适。
dōu hěn hé shì

떠우헌 허스

물건을 보고 싶을 때

□ 그걸 봐도 될까요?
May I see it?

看看那个也可以吗?
kàn kàn nà ge yě kě yǐ má
칸칸나거 예커이마

□ 몇 가지 보여 주세요.
Could you show me some?

能给我看一下吗?
néng gěi wǒ kàn yī xià má
넝께이워 칸이샤마

□ 이 가방을 보여 주시겠어요?
Could you show me this bag?

能给我看一下这皮包吗?
néng gěi wǒ kàn yī xià zhè pí bāo má
넝께이워 칸이샤 저피빠오마

□ 다른 것을 보여 주시겠어요?
Can you show me another one?

要先看一下别的吗?
yào xiān kàn yí xià bié de má
야오시엔 칸이샤 삐에더마

□ 더 품질이 좋은 것은 없습니까?
Do you have anything of better quality?

没有质量更好的吗?
méi yǒu zhì liánggèng hǎo de má
메이여우즈리앙 껑하오더마

□ 잠깐 다른 것을 보겠습니다.
I'll try somewhere else.

我想看点别的。
wǒ xiǎng kàn diǎn bié de
워시앙 칸띠엔 삐에더

쇼핑

물건을 고를 때

색상을 고를 때

□ 무슨 색이 있습니까?
What kind of colors do you have?

有什么颜色?
yǒu shén me yán sè
여우 선머 이엔서

□ 빨간 것은 있습니까?
Do you have a red one?

有红的吗?
yǒu hóng de má
여우 훙더마

□ 너무 화려(수수)합니다.
This is too flashy(plain).

太艳(素)了。
tài yàn sù le
타이 이엔(수)러

□ 더 화려한 것은 있습니까?
Do you have a flashier one?

有更艳一点的吗?
yǒu gèng yàn yi diǎn de má
여우 껑 이엔이띠엔더마

□ 더 수수한 것은 있습니까?
Do you have a plainer one?

有更素一点的吗?
yǒu gèng sù yi diǎn de má
여우 껑 쑤이띠엔더마

□ 이 색은 좋아하지 않습니다.
I don't like this color.

不喜欢这个颜色。
bù xǐ huān zhè ge yán sè
뿌시후안 저거이엔서

디자인을 고를 때

☐ **다른 스타일은 있습니까?**
Do you have any other style?

有别的款式吗?
yǒu bié de kuǎn shì má
여우 삐에더 쿠안스마

☐ **어떤 디자인이 유행하고 있습니까?**
What kind of style is now in fashion?

现在流行哪种款式?
xiàn zài liú xíng nǎ zhǒng kuǎn shì
시엔자이 리우싱 나종쿠안스

☐ **이런 디자인은 좋아하지 않습니다.**
I don't like this design.

不喜欢这个款式。
bù xǐ huān zhè ge kuǎn shì
뿌시후안 저거쿠안스

☐ **다른 디자인은 있습니까?**
Do you have any other design?

有别的设计吗?
yǒu bié de shè jì má
여우 삐에더 써지마

☐ **디자인이 비슷한 것은 있습니까?**
Do you have one with a similar design?

有差不多款式的吗。
yǒu chā bù duō kuǎn shì de má
여우 차뿌뛰 콴스더마

☐ **이 벨트는 남성용입니까?**
Is this belt for men?

这皮带是男式的吗?
zhè pí dài shì nán shì de má
저 피따이스 난스더마

쇼핑 / 물건을 고를 때

사이즈를 고를 때

☐ **어떤 사이즈를 찾으십니까?**
What size are you looking for?

找多大尺寸的?
zhǎo duō dà chǐ cùn de
자오 뚸다츠춘더

☐ **사이즈는 이것뿐입니까?**
Is this the only size you have?

就这些尺寸吗?
jiù zhè xiē chǐ cùn má
져우 저시에츠춘마

☐ **제 사이즈를 모르겠는데요.**
I don't know my size.

不清楚我的尺寸。
bù qīng chǔ wǒ de chǐ cùn
뿌칭추 워더츠춘

☐ **사이즈를 재주시겠어요?**
Could you measure me?

能给我量一下尺寸吗?
néng gěi wǒ liáng yí xià chǐ cùn má
넝께이워 리앙이샤 츠춘마

☐ **더 큰 것은 있습니까?**
Do you have a bigger one?

有更大的吗?
yǒu gèng dà de má
여우 껑따더마

☐ **더 작은 것은 있습니까?**
Do you have a smaller one?

有更小的吗?
yǒu gèng xiǎo de má
여우 껑샤오더마

품질에 대한 질문

□ 재질은 무엇입니까?
What's this made of?

是什么料?
shì shén me liào
스 선머랴오

□ 중국제품입니까?
Is this made in China?

是中国制品吗?
shì zhōng guó zhì pǐn má
스 죵궈즈핀마

□ 질은 괜찮습니까?
Is this good quality?

质量好吗?
zhì liáng hǎo má
즈리앙 하오마

□ 이건 실크 100%입니까?
Is this 100%(a hundred percent) silk?

这是百分之百的丝吗。
zhè shì bǎi fēn zhī bǎi dè sī má
저스 빠이펀즈빠이더 쓰마

□ 이건 수제입니까?
Is this hand-made?

这是手工制的吗?
zhè shì shǒugōng zhì dè má
저스 셔우꽁즈더마

□ 이건 무슨 향입니까?
What's this fragrance?

这是什么香?
zhè shì shén me xiāng
저스 선머씨앙

쇼핑 물건을 고를 때

전자제품

텔레비전	电视(diànshì)	[디엔스]
리모콘	遥控器(yáokòngqì)	[야오콩치]
라디오	收音机(shōuyīnjī)	[소우인지]
녹음기	录音机(lùyīnjī)	[루인지]
녹음 테이프	录音带(lùyīndài)	[루인따이]
CD플레이어	CD机(jī)	[씨디지]
비디오	录像机(lùxiàngjī)	[루시앙지]
냉장고	电冰箱(diànbīngxiāng)	[디엔빙시앙]
세탁기	洗衣机(xǐyījī)	[시이지]
건조기	干燥机(gānzàojī)	[깐자오지]
에어컨	空调(kōngtiào)	[콩탸오]
선풍기	电扇(diànshàn)	[디엔산]
전기면도기	电动刮脸刀(diàndòngguāliǎndāo)	[디엔동꾸아리엔따오]

사이즈·색상

화려하다	华丽(huálì)	[후아리]
수수하다	素气(sùqì)	[쑤치]
몸에 맞다	合身(héshēn)	[허션]
보통	普通(pǔtōng)	[푸통]
견본	样品(yàngpǐn)	[양핀]
사이즈	号码(hàomǎ)	[하오마]
색깔	颜色(yánsè)	[이엔서]
하얀색	白色(báisè)	[빠이서]
빨간색	红色(hóngsè)	[홍서]
노란색	黄色(huángsè)	[후앙서]
검정색	黑色(hēisè)	[헤이서]
파란색	青色(qīngsè)	[칭서]
녹색	绿色(lùsè)	[뤼서]
회색	灰色(huīsè)	[후이서]

옷

의복	衣服(yīfú) [이푸]
천	布(bù) [뿌]
면직물	棉布(miánbù) [미엔뿌]
비단	绸(chóu) [초우]
조끼	背心(bèixīn) [뻬이씽]
옷깃	领子(lǐngzǐ) [링즈]
옷의 목둘레, 칼라	领口(lǐngkǒu) [링커우]
소매	袖子(xiùzǐ) [시우즈]
긴소매	长袖(chángxiù) [창시우]
반소매	短袖(duǎnxiù) [뚜안시우]
호주머니	口袋儿(kǒudàir) [커우따알]
매듭, 단추	扣子(kòuzǐ) [커우즈]
바지	裤子(kùzǐ) [쿠즈]
반바지	短裤(duǎnkù) [뚜안쿠]
면바지	棉裤(miánkù) [미엔쿠]
치마	裙子(qúnzǐ) [췬즈]
상의	外衣(wàiyī) [와이이]
외투	大衣(dàyī) [따이]
겉옷	上衣(shàngyī) [샹이]
속옷	汗衫(hánshān) [한샨]
양복	西装(xīzhuāng) [시주앙]
중국 고유 웃옷	长袍(chángpáo) [창파오]
중국식 원피스	旗袍(qípáo) [치파오]
와이셔츠	衬衫(chènshān) [쳔샨]
원피스	连衣裙(liányīqún) [리엔이췬]
스웨터	毛衣(máoyī) [마오이]
스커트	裙子(qúnzǐ) [췬즈]
점퍼	夹克(jiākè) [쟈커]

신발·모자·액세서리

모자	帽子(màozǐ) [마오즈]
벨트	带子(dàizǐ) [따이즈]
장갑	手套(shǒutào) [셔우타오]
넥타이	领带(lǐngdài) [링따이]
운동화	跑鞋(pǎoxié) [파오시에]
신발	鞋(xié) [시에]
가죽구두	皮鞋(píxié) [피시에]
하이힐	高跟鞋(gāogēnxié) [까오껀시에]
양말	袜子(wàzǐ) [와즈]
짧은 양말	短袜(duǎnwà) [뚜안와]
긴 양말	长筒袜(chángtǒngwà) [창통와]
면수건	手巾(shǒujīn) [소우진]
목걸이	项链(xiàngliàn) [시앙리엔]
스카프	领巾(lǐngjīn) [링진]
목도리	围巾(wéijīn) [웨이진]
핸드백	手提包(shǒutíbaō) [소우티빠오]

화장품

화장품	化妆品(huàzhuāngpǐn) [후아주앙핀]
크림	雪花膏(xuěhuāgāo) [쉬에후아까오]
로션	爽肤水(shuǎngfūshuǐ) [수앙푸수이]
파우더	香粉(xiāngfěn) [시앙펀]
파운데이션	粉底子(fěndǐzǐ) [펀띠즈]
콤팩트	份饼盒(fènbǐnghé) [펀빙허]
립스틱	口红(kǒuhóng) [커우홍]
아이섀도	眼影粉(yǎnyǐngfěn) [옌잉펀]
마스카라	睫毛膏(jiémáogāo) [지에마오까오]
크린징크림	洗面乳霜(xǐmiànrǔshuāng) [시미엔루수앙]
매니큐어	指甲油(zhǐjiǎyóu) [즈자여우]

생활용품·문구

칫솔	牙刷(yáshuā) [야수아]
치약	牙膏(yágāo) [야까오]
비누	肥皂(féizào) [페이자오]
세숫비누	香皂(xiāngzào) [시앙자오]
거울	镜子(jìngzǐ) [징즈]
빗	梳子(shūzǐ) [수즈]
브러시	刷子(shuāzǐ) [수아즈]
서류가방	公文包(gōngwénbāo) [꽁원빠오]
여행가방	旅行箱(lǚxíngxiāng) [뤼싱시앙]
지갑	钱包(qiánbāo) [치엔빠오]
우산	雨伞(yǔsǎn) [위싼]
열쇠	钥匙(yàochí) [야오츠]
시계(총칭)	钟表(zhōngbiǎo) [종빠오]
손목시계	手表(shǒubiǎo) [셔우빠오]
전자시계	电子表(diànzǐbiǎo) [디엔즈빠오]
안경	眼镜(yǎnjìng) [이엔찡]
담배	香烟(xiāngyān) [시앙이엔]
종이	纸(zhǐ) [즈]
연필	铅笔(qiānbǐ) [치엔삐]
볼펜	圆珠笔(yuánzhūbǐ) [위엔주삐]
잉크	墨水(mòshuǐ) [모수이]
먹	墨(mò) [모]
붓	毛笔(máobǐ) [마오삐]
벼루	砚台(yàntái) [이엔타이]
붓펜	软笔(ruǎnbǐ) [루안삐]
크레용	蜡笔(làbǐ) [라삐]
공책	笔记本(bǐjìběn) [비지뻔]
앨범	相册(xiāngcè) [시앙처]

UNIT 04

백화점 · 면세점에서

쇼핑은 여행의 커다란 즐거움의 하나입니다. 중국에서는 거의 모든 주요 도시에 외국인 전용의 선물 백화점이라고 할 수 있는 友谊商店이 있으며, 이른바 문방사우(벼루, 먹, 붓 종이)나 공예품, 식품 등의 명산품이 갖춰져 있어 쇼핑하기에 편리합니다.

_____은(는) 몇 층에 있습니까?

What floor is _____ on?

_____ 在几楼?
zài jǐ lóu

짜이지러우

- 남성복 men's wear   **男装**(nánzhuāng)   난주앙
- 여성복 women's wear **女装**(nǚzhuāng)   뉘주앙
- 장난감 toy   **玩具**(wánjù)   완쥐
- 화장품 cosmetics   **化妆品**(huàzhuāngpǐn) 후아주앙핀

Q : 선물용 술을 찾고 있는데요.

I'm looking for liquor for a souvenir.

在找要送礼物的酒。
zài zhǎo yào sòng lǐ wù de jiǔ

짜이자오 야오쏭리우더저우

A : 여권을 보여 주시겠어요?

May I see your passport?

请给我看一下护照好吗?
qǐng gěi wǒ kàn yí xià hù zhào hǎo má

칭께이워 칸이샤 후자오 하오마

매장을 찾을 때

□ 신사복 매장은 몇 층입니까?
What floor is men's wear on?

卖绅士服的柜台在几楼?
mài shēn shì fú de guì tái zài jǐ lóu

마이 선스푸더꾸이타이 짜이지러우

□ 여성용 매장은 어디에 있습니까?
Where's the ladies' department?

女士用品在哪儿卖?
nǚ shì yòng pǐn zài nǎ r mài

뉴스융핀 짜이날마이

□ 화장품은 어디서 살 수 있습니까?
Where do you sell cosmetics?

化妆品在哪里可以买到?
huà zhuāng pǐn zài nǎ lǐ kě yǐ mǎi dào

후아주앙핀 짜이나리 커이마이따오

□ 저기에 디스플레이 되어 있는 셔츠는 어디에 있습니까?
Where can I find that shirt?

在那儿装饰的衬衫在哪儿卖?
zài nà er zhuāng shì de chèn shān zài nǎ er mài

짜이날 주앙스더천산 짜이날마이

□ 세일하는 물건을 찾고 있습니다.
I'm looking for some bargains.

在找打折的东西。
zài zhǎo dǎ zhé de dōng xī

짜이자오 따저더뚱시

□ 선물은 어디서 살 수 있나요?
Where can I buy some souvenirs?

在哪里能买到礼物?
zài nǎ lǐ néng mǎi dào lǐ wù

짜이나리 넝마이따오 리우

쇼핑 / 백화점·면세점에서

물건을 고를 때

☐ **다른 상품을 보여 주세요.**
Please show me another one.

请给我看别的商品。
qǐng gěi wǒ kàn bié de shāng pǐn
칭께이워 칸삐에더 상핀

☐ **예산은 어느 정도이십니까?**
How much would you like to spend?

预算多少钱?
yù suàn duō shǎoqián
위수안 뚸사오치엔

☐ **신상품은 어느 것입니까?**
Which are brand-new items?

哪个商品是新商品吗?
nǎ ge shāng pǐn shì xīn shāng pǐn má
나거상핀 스신상핀마

☐ **어떻게 해 드릴까요?**
How do I take care of this?

怎么给您弄?
zěn me gěi nín nòng
쩐머 께이닌 농

☐ **이것은 어느 브랜드입니까?**
What brand is this?

是什么牌子的?
shì shén me pái zi de
스 선머파이즈더

☐ **신상품은 어느 것입니까?**
Which are brand-new items?

新商品是哪个?
xīn shāng pǐn shì nǎ ge
신상핀 스나거

✈ 면세점에서

☐ 면세점은 어디에 있습니까?
Where's a duty free shop?

免税店在哪里?
miǎn shuì diàn zài nǎ lǐ
미엔수이띠엔 짜이나리

☐ 얼마까지 면세가 됩니까?
How much duty free can I buy?

免税多少?
miǎn shuì duō shǎo
미엔수이 뚸사오

☐ 어느 브랜드가 좋겠습니까?
What brand do you suggest?

什么牌子好?
shén me pái zi hǎo
선머파이즈 하오

☐ 이 가게에서는 면세로 살 수 있습니까?
Can I buy things duty free here?

在这里买东西可以免税吗?
zài zhè lǐ mǎi dōng xī kě yǐ miǎn shuì má
짜이저리 마이뚱시 커이미엔수이마

☐ 여권을 보여 주십시오.
May I have your passport, please?

请出示您的护照。
qǐng chū shì nín de hù zhào
칭추스 닌더후자오

☐ 비행기를 타기 전에 수취하십시오.
Receive before boarding.

请在上飞机之前领取。
qǐng zài shàng fēi jī zhī qián lǐng qǔ
칭짜이상 페이지즈치엔 링취

쇼핑 · 백화점·면세점에서

267

UNIT 05

Travel Chinese

물건값을 계산할 때

외국인 전용의 友誼商店이나 미술품점, 백화점 등의 큰 곳에서는 환전소가 있으므로 분실 도난을 대비해 처음부터 많은 인민폐를 갖고 걷지 않는 것이 좋습니다. 중국의 상점에서는 점원이 전표를 끊고, 손님은 그 전표를 갖고 계산대에서 지불하면 증명 스탬프를 찍어줍니다. 그것을 매장으로 가져와서 물건을 받는 시스템입니다.

[_____ 은(는) 받습니까?

Do you accept _____ ?

收 _____ **吗?**
shōu   ma

쉬   마]

- ☐ 신용카드 credit card　　**信用卡**(xìnyòngkǎ)　　신용카
- ☐ 여행자수표 traveler's checks　**旅行支票**(lǚxíngzhīpiào)　뤼싱즈파오
- ☐ 비자카드 Visa Card　　VISA**卡**(kǎ)　　비자카
- ☐ 마스터카드 Master Card　　Master**卡**(kǎ)　　마스터카

Q : 얼마입니까?

How much is this?

多少钱?
duō shǎoqián

뚸사오치엔

A : 200위엔입니다.

It's 200 Yuan.

两百元。
liǎng bǎi yuán

량빠이위엔

가격을 물을 때

□ 계산은 어디서 합니까?
Where is the cashier?

在哪结帐?
zài nǎ jié zhàng
짜이나 지에장

□ 전부해서 얼마가 됩니까?
How much is it all together?

全部多少钱?
quán bù duō shǎoqián
취엔뿌 뚸사오치엔

□ 하나에 얼마입니까?
How much for one?

一个多少钱?
yí ge duō shǎoqián
이거 뚸사오치엔

□ (다른 상품의 가격을 물을 때) 이건 어때요?
How about this one?

这个多少钱?
zhè ge duō shǎoqián
저거 뚸사오치엔

□ 이건 세일 중입니까?
Is this on sale?

这个正在打折吗?
zhè ge zhèng zài dǎ zhé má
저거 정짜이 따저마

□ 세금이 포함된 가격입니까?
Does it include tax?

包括税金吗?
bāo kuò shuì jīn má
빠오쿼 수이진마

쇼핑

물건값을 계산할 때

✈ 가격을 깎을 때

☐ 너무 비쌉니다.
It's too expensive.

太贵了。
tài guì le
타이꾸이러

☐ 깎아 주시겠어요?
Can you give a discount?

能便宜点吗?
néng pián yi diǎn má
넝피엔이 띠엔마

☐ 더 싼 것은 없습니까?
Anything cheaper?

有更便宜的吗?
yǒu gēngpián yi dè má
여우껑 피엔이더마

☐ 더 싸게 해 주실래요?
Will you take less than that?

能再便宜点吗?
néng zài pián yi diǎn má
넝짜이 피엔이띠엔마

☐ 깎아주면 사겠습니다.
If you discount I'll buy.

便宜点就买。
pián yi diǎn jiù mǎi
피엔이띠엔 져우마이

☐ 현금으로 지불하면 더 싸게 됩니까?
Do you give discounts for cash?

付现金的话更便宜吗?
fù xiàn jīn dè huà gēngpián yi má
푸 시엔진더후아 껑피엔이마

✈ 구입 결정과 지불 방법

❏ 이걸로 하겠습니다.
I'll take this.

就买这个。
jiù mǎi zhè ge
져우마이 저거

❏ 이것을 10개 주세요.
I'll take ten of these.

这个给我十个。
zhè ge gěi wǒ shí ge
저거께이워 스거

❏ 지불은 어떻게 하시겠습니까?
How would you like to pay?

怎么支付?
zěn me zhī fù
쩐머 즈푸

❏ 카드도 됩니까?
May I use a credit card?

刷卡也可以吗?
shuā kǎ yě kě yǐ ma
수아카 예커이마

❏ 여행자수표도 받나요?
Can I use traveler's checks?

旅行支票行吗?
lǚ xíng zhī piào xíng ma
뤼싱즈퍄오 싱마

❏ 영수증을 주시겠어요?
Could I have a receipt?

请给我收据。
qǐng gěi wǒ shōu jù
칭께이워 셔우쥐

쇼핑

물건값을 계산할 때

UNIT 06
포장·배송을 원할 때

구입한 물건을 들 수 없는 경우에는 호텔까지 배달을 부탁합니다. 한국으로 직접 배송을 원하는 경우에는 항공편인지 선편인지 확인하는 것을 잊지 말고 선편이라면 한국까지 상당한 시간이 걸립니다. 빠른 것을 원할 경우에는 항공회사나 국제택배 등을 이용하는 것이 좋을 것입니다.

이것을 _____ 으(로)보내 주시겠어요?
Could you send this to _____

这个能送到 _____ **吗?**
zhè gè néng sòng dào ___ ma

저거넝송따오 ___ 마

□ 우리 호텔	my hotel	**我的宾馆**(wǒdebīnguǎn)	워더삥꾸안
□ 이 주소	this address	**这个地址**(zhègèdìzhǐ)	저거디즈
□ 한국	Korea	**韩国**(hánguó)	한궈
□ 서울	Seoul	**汉城**(hànchéng)	한청

Q: 따로따로 싸 주세요.
Please wrap them separately.

请分着给我装好吗?
qǐng fēn zhuó gěi wǒ zhuāng hǎo ma

칭펀줘께이워 주앙하오마

A: 알겠습니다.
Oh, okay.

知道了。
zhī dào le

즈따오러

포장을 부탁할 때

- **봉지를 주시겠어요?**
  Could I have a bag?

  能给我袋子吗?
  néng gěi wǒ dài zi má
  넝께이워 따이즈마

- **봉지에 넣기만 하면 됩니다.**
  Just put it in a bag, please.

  请放到包装袋里。
  qǐng fàng dào bāo zhuāng dài lǐ
  칭팡따오 바오주앙따이리

- **이걸 선물용으로 포장해 주시겠어요?**
  Can you gift-wrap this?

  这是做礼物用的能包装一下吗?
  zhè shì zuò lǐ wù yòng de néng bāo zhuāng yí xià má
  저스 쭤리우용더 넝빠오주앙이쌰마

- **따로따로 포장해 주세요.**
  Please wrap them separately.

  请给我分着包装。
  qǐng gěi wǒ fēn zhuó bāo zhuāng
  칭께이워 펀주오빠오주앙

- **이거 넣을 박스 좀 얻을 수 있나요?**
  Is it possible to get a box for this?

  能弄来装这个用的盒子吗?
  néng nòng lái zhuāng zhè ge yòng de hé zi má
  넝농라이 주앙저거용더 허즈마

- **이거 포장할 수 있나요? 우편으로 보내고 싶은데요.**
  Can you wrap this up? I want to send it by mail.

  这个能包装吗? 要邮寄用的。
  zhè ge néng bāo zhuāng má   yào yóu jì yòng de
  저거넝 빠오주앙마   야오여우지용더

쇼핑 포장·배송을 원할 때

✈ 배달을 원할 때

☐ **이걸 ○○호텔까지 갖다 주시겠어요?**
Could you send this to ○○Hotel?

能送到宾馆吗?
néng sòng dào bīn guǎn ma

넝쏭따오 삔꽌마

☐ **오늘 중(내일까지)으로 배달해 주었으면 하는데요.**
I'd like to have it today(by tomorrow).

希望在今天之内(明天之内)送过来。
xī wàng zài jīn tiān zhī nèi míng tiān zhī nèi sòng guò lái

시왕짜이 진티엔즈네이 (밍티엔즈네이)송꿔라이

☐ **언제 배달해 주시겠습니까?**
When would it arrive?

什么时候能送来?
shén me shí hòu néng sòng lái

선머스허우 넝쏭라이

☐ **별도로 요금이 듭니까?**
Is there an extra charge for that?

另外还需要什么费用吗?
lìng wài hái xū yào shén me fèi yòng ma

링와이 하이쉬야오 선머페이융마

☐ **이 카드를 첨부해서 보내 주세요.**
I'd like to send it with this card.

请把这个卡一起送过来。
qǐng bǎ zhè ge kǎ yī qǐ sòng guò lái

칭빠저거카이치 쏭꿔라이

☐ **이 주소로 보내 주세요.**
Please send it to this address.

请寄到以下地址。
qǐng jì dào yǐ xià dì zhǐ

칭지따오 이샤디즈

배송을 원할 때

☐ 이 가게에서 한국으로 발송해 주시겠어요?
Could you send this to Korea from here?

请在这个店发送到韩国。
qǐng zài zhè ge diàn fā sòng dào hán guó
칭짜이저거띠엔 파쏭따오한궈

☐ 한국 제 주소로 보내 주시겠어요?
Could you send it to my address in Korea?

能发送到韩国我的地址吗?
néng fā sòng dào hán guó wǒ dè dì zhǐ má
넝파쏭 따오한궈 워더디즈마

☐ 항공편으로 부탁합니다.
By air mail, please.

我想用航空寄信。
wǒ xiǎngyònghángkōng jì xìn
워시앙융 항콩지씬

☐ 선편으로 부탁합니다.
By sea mail, please.

我想用海运寄信。
wǒ xiǎngyòng haǐ yùn jì xìn
워시앙융 하이윈지씬

☐ 한국까지 항공편으로 며칠 정도 걸립니까?
How long does it take to reach Korea by air mail?

用航空邮件邮寄到韩国多长时间?
yònghángkōng yóu jiàn yóu jì dào hán guó duō cháng shí jiān
융항콩여우지엔 여우지따오한궈 뛰창스지엔

☐ 항공편으로 얼마나 듭니까?
How much does it cost by air mail?

用航空邮件多少钱?
yònghángkōng yóu jiàn duō shǎoqián
융항콩여우지엔 뛰사오치엔

UNIT 07 물건에 대한 클레임

가게에 클레임을 제기할 때는 감정적으로 대하지 말고 침착하게 요점을 말해야 합니다. 보통 한번 돈을 지불해버리면 흠집이 났거나 더럽더라도 구입한 고객의 책임이 되어버립니다. 사기 전에 물건을 잘 확인합시다. 교환을 원할 경우 영수증이 있어야 하므로 없애지 않도록 하고, 환불은 특별한 경우가 아니면 어려운 것이 한국과 마찬가지입니다.

(물건의 하자를 지적할 때) _____

It's _____

这个 _____。
zhè ge

저거

☐ 더럽습니다	dirty	**脏**(zàng)	장
☐ 망가졌습니다	broken	**出故障了**(chūgùzhàngle)	추꾸장러
☐ 찢어졌습니다	ripped	**撕开了**(sīkāile)	쓰카이러
☐ 금이 갔습니다	cracked	**裂开了**(lièkāile)	리에카이러

Q: 여기에 흠집이 있습니다.

It's damaged here.

这里有毛病。
zhè lǐ yǒu máobìng

저리 여우마오삥

A: 어디 보여 주십시오.

Show me.

哪里? 给我看一下。
nǎ lǐ   gěi wǒ kàn yí xià

나리   께이워 칸이샤

구입한 물건을 교환할 때

☐ 여기에 얼룩이 있습니다.
I found a stain here.

这里有污渍。
zhè lǐ yǒu wū zì
저리 여우우쯔

☐ 새 것으로 바꿔드리겠습니다.
I'll get you a new one.

给您换新的。
gěi nín huàn xīn de
께이닌 후안신더

☐ 구입 시에 망가져 있었습니까?
Was it broken when you bought it?

进货时就是坏的吗?
jìn huò shí jiù shì huài de ma
진훠스 져우스 화이더마

☐ 샀을 때는 몰랐습니다.
I didn't notice it when I bought it.

买的时候没发现。
mǎi de shí hòu méi fā xiàn
마이더스허우 메이파시엔

☐ 사이즈가 안 맞았어요.
This size doesn't fit me.

大小不合适。
dà xiǎo bù hé shì
따샤오 뿌허스

☐ 다른 것으로 바꿔 주시겠어요?
Can I exchange it for another one?

能给我换别的吗?
néng gěi wǒ huàn bié de ma
넝께이워 후안삐에더마

구입한 물건을 반품할 때

□ **어디로 가면 됩니까?**
Where should I go?

要往哪儿走?
yào wǎng nǎ er zǒu
야오 왕날쩌우

□ **반품하고 싶은데요.**
I'd like to return this.

我想退货。
wǒ xiǎng tuì huò
워시앙 투이훠

□ **아직 쓰지 않았습니다.**
I haven't used it at all.

还没有用过。
hái méi yǒu yòng guò
하이메이여우 융꿔

□ **가짜가 하나 섞여 있었습니다.**
I found a fake included.

有一个假的。
yǒu yī ge jiǎ de
여우이거 쟈더

□ **영수증은 여기 있습니다.**
Here is a receipt.

收据在这里。
shōu jù zài zhè lǐ
서우쥐 짜이저리

□ **어제 샀습니다.**
I bought it yesterday.

是昨天买的。
shì zuó tiān mǎi de
스쭤티엔 마이더

환불·배달사고

☐ 환불해 주시겠어요?
Can I have a refund?

能退还吗?
néng tuì huán má
넝 투이후안마

☐ 산 물건하고 다릅니다.
This is different from what I bought.

和买的东西不一样。
hé mǎi de dōng xī bù yí yàng
허마이더뚱시 뿌이양

☐ 구입한 게 아직 배달되지 않았습니다.
I haven't got what I bought yet.

买的东西还没送到。
mǎi de dōng xī hái méi sòng dào
마이더뚱시 하이메이송따오

☐ 대금은 이미 지불했습니다.
I already paid.

贷款已经付清了。
dài kuǎn yǐ jīng fù qīng le
따이쿠안 이징푸칭러

☐ 수리해주든지 환불해 주시겠어요?
Could you fix it or give me a refund?

请给我修一下或者退还一下。
qǐng gěi wǒ xiū yí xià huò zhě tuì huán yí xià
칭께이워시우이샤 훠쩌 투이후안이샤

☐ 계산이 틀린 것 같습니다.
I think your calculation is wrong.

帐算错了。
zhàngsuàn cuò le
장쑤안 춰러

쇼핑 물건에 대한 클레임

사물의 모양을 나타내는 말

크다	大(dù) [따]
작다	小(xiǎo) [샤오]
많다	多(duō) [뛰]
적다	少(shǎo) [샤오]
높다	高(gāo) [까오]
낮다	低(dī) [띠]
둥글다	圆(yuán) [위엔]
(폭, 범위, 면적이) 넓다	宽(kuān) [쿠안]
(폭이) 좁다	窄(zhǎi) [자이]
가늘다, 좁다	细(xì) [시]
길다	长(cháng) [창]
짧다	短(duǎn) [뚜안]
멀다	远(yuǎn) [위엔]
가깝다	近(jìn) [진]
깊다	深(shēn) [선]
얕다	浅(qiǎn) [치엔]
두껍다, 두텁다	厚(hòu) [허우]
얇다	薄(báo) [빠오]
(속이) 텅비다	空(kōng) [콩]
무겁다	重(zhòng) [종]
가볍다	轻(qīng) [칭]
빠르다	快(kuài) [콰이]
느리다	慢(màn) [만]
단단하다, 굳다	硬(yìng) [잉]
부드럽다, 연약하다	软(ruǎn) [루안]
나쁘다	坏(huài) [후아이]
좋다	好(hǎo) [하오]
다르다	差(chā) [차]
귀하다	贵(guì) [꾸이]
진짜이다	真(zhēn) [전]
가짜의, 거짓의	假(jiǎ) [쟈]
이르다	早(zǎo) [짜오]
늦다	晚(wǎn) [완]
새롭다	新(xīn) [신]
오래된, 옛날의	旧(jiù) [져우]
깨끗하다	干净(gānjìng) [깐징]

PART 8

방문 · 전화 · 우편

방문할 때
전화를 이용할 때
우편을 이용할 때

Travel Information

통신·은행에 관한 정보

✈ 전 화

◇ 국내전화

공중전화는 동전이나 카드를 사용하는 공중전화와 관리인이 있어 전화를 건 뒤에 지불하는 식의 공중전화가 있다. 그러나 도시를 제외한 변두리에는 공중전화도 거리에서 쉽게 찾아보기는 드물기 때문에 호텔이나 대형 음식점에서 이용하는 것이 좋다.

◇ 국제전화

대도시의 고급 호텔 객실에서는 외선번호를 돌리면 직접 국제전화가 가능하다. 그러나 지방도시나 초대소, 규모가 작은 호텔 등에서는 직접 거는 것은 어렵고 프런트에 신청하거나 장거리전화국에 가야만 국제통화가 가능하다. 요금은 1분에 18.15元 정도이다.

◇ 한국교환원을 통한 국제전화

공중전화일 경우에는 카드나 시내공중전화 사용료 2角을 넣고, 호텔이라면 외선 번호를 누르고 108-828을 누른다. 안내방송을 들은 후에 9번을 누르면 한국교환원이 받으므로 상대방 전화번호를 알리면 된다. 통화할 상대방을 지정하는 지명통화와 상대방의 전화번호만을 지정하는 번호통화가 있으며, 연결되어 통화가 되는 시점부터 요금이 부과된다. 현금 없이 편리하게 통화할 수 있으며, 요금은 한국으로 돌아와서 지불하면 된다.

◇ 중국통신사를 이용한 국제전화

00(국제전화인식번호) - 한국의 국가번호(82) - 0을 제외한 지역번호 - 걸고자 하는 곳의 전화번호 순으로 누르면 된다. 서울의 ☎123-4567로 건다면 00-82-2-123-4567을 누르면 된다. 단, 호텔에서 건다면 호텔의 외선번호를 먼저 누른 뒤에 이 번호를 누른다. 호텔 전화의 경우 기본 전화 요금 외에 호텔의 서비스 요금이 10~15% 정도 추가된다.

✈ 우편

◇ 우편

중국에서 한국으로 엽서나 편지를 보내려면 대개는 호텔의 프런트에서 대행해 주거나, 호텔 내에 우체국이 있는 곳이 많으므로 이곳을 이용한다. 중국 우체국의 업무시간은 연중무휴로 09:00~17:00이다. 국제우편 요금은 엽서가 1.6元, 편지는 10g까지는 3.6元이고, 10g 증가할 때마다 0.5元씩 요금이 추가된다. 한국에는 1주일이면 도착한다.

◇ 소포

한국으로의 소포는 우편을 대행해 주는 호텔 프런트나 중앙우체국에서 보낼 수 있으며, 항공편과 택배, 선박 이용의 세 가지 방법이 있다. 항공편과 택배 편은 빨리 도착하지만 요금이 비싸고 선박편은 시간이 걸리는 대신 요금이 싸다. 항공편은 베이징에서 서울까지 4~5일이 걸린다. 항공편에도 EMS(国际特快传递邮件 : 겉봉에 EMS라고 쓴다.)로 보내면 2~3일 안에 도착한다. 중국 내륙간은 5~7일 소요된다. 선박편은 우리나라까지 20일에서 한 달 가량 소요. 우체국에서는 내용물 검사를 받은 뒤, 바느질 포장을 해서 세관 도장을 찍은 다음 접수창구로 간다. 우의상점에서는 물건을 포장하여 보내는 것을 대행해 주고 있다. 최근에는 DHL도 이용할 수 있는데 베이징이나 상하이, 광저우 등의 대도시에서만 가능하다. 베이징에서는 공인체육관 북쪽 화하빈관(华夏宾馆) 내에 있는 지점에서 이용할 수 있다.

✈ 중국의 화폐

중국에서 현재 통용되는 화폐는 100元(위엔), 50元, 10元, 5元, 1元, 5角(쟈오), 2角, 1角, 5分

(펀), 2分, 1分 등의 12가지이며, 이중에서 동전은 1元, 5角, 1角, 5分, 2分, 1分 등이다. 1元, 1角, 5角 등은 지폐와 동전이 혼용되고 있다. 참고로 중국은 외환태환권(외국인용)과 인민폐(중국 국민용)를 함께 사용하던 것을 1994년 6월 가트(GATT) 가입 이후 단일화시켰다. 따라서 현재는 인민폐만 통용되고 있으며, 그 이전의 태환권은 사용이 금지되었다.

UNIT 01 방문할 때

중국에서 식사 초대는 최고의 호의이므로 받아들이는 것이 좋으며, 초대에 참석할 때 주인의 안내와 인도에 따르는 것이 예의입니다. 초대를 받았을 때는 반드시 주인에게 감사 표시를 해야 합니다. 중국에서는 첨잔하는 관습이 있어 그만 마시고 싶을 경우에는 잔을 엎어 놓던지 의사를 명확히 하는 것이 좋으며, 잔을 돌리는 습관은 없습니다.

[(초대에 대한 감사) _____ 고맙습니다.
Thanks for _____ .
谢谢您的 _____ 。
xiè xiè nín de

씨에씨에닌더]

- 환대해 줘서   your wonderful hospitality   **款待**(kuǎndài)   쿠안따이
- 초대해 줘서   inviting me   **招待**(zhāodài)   자오따이

Q: 초대해 주셔서 고맙습니다.
Thanks for inviting me over?
谢谢您的招待。
xiè xiè nín de zhāo dài

시에시에 닌더자오따이

A: 잘 오셨습니다.
I'm so glad you could make it.
来得正好。
lái de zhèng hǎo

라이더정하오

함께 식사하기를 권유할 때

□ 함께 점심 식사나 하시겠어요?
How about having lunch with me?

一起吃午餐好吗?
yì qǐ chī wǔ cān hǎo má
이치츠 우찬 하오마

□ 오늘 밤에 저와 저녁 식사하시겠어요?
Why don't you have dinner with me tonight?

今天晚上和我一起吃饭好吗?
jīn tiān wǎn shàng hé wǒ yì qǐ chī fàn hǎo má
진티엔완상 허워이치 츠판하오마

□ 제가 대접하겠습니다.
Let me treat you to dinner.

我请客。
wǒ qǐng kè
워칭커

□ 한잔 어떻습니까?
How about a drink?

来一杯怎么样?
lái yì bēi zěn me yàng
라이뻬이 쩐머양

□ 언제 시간이 있습니까?
When do you have free time?

什么时候有时间?
shén me shí hòu yǒu shí jiān
선머스허우 여우스지엔

□ 당신이 와 주었으면 합니다.
I'd like to have you come over.

请过来一下。
qǐng guò lái yì xià
칭 꿔라이이싸

방문 전화 우편

방문할 때

초대에 응하거나 거절할 때

□ **몇 시가 좋습니까?**
What's a good time for you?

几点钟好?
jǐ diǎn zhōng hǎo
지띠엔종하오

□ **어느 때라도 좋아요.**
It's fine anytime.

什么时候都可以。
shén me shí hòu doū kě yǐ
선머스허우 떠우커이

□ **고맙습니다. 기꺼이 그러죠.**
Thank you. I'd like to.

谢谢! 就这么办吧。
xiè xie jiù zhè me bàn bā
씨에씨에 져우 저머빤바

□ **꼭 가고 싶습니다.**
I'll make sure to be there.

一定要去。
yí dìng yào qù
이딩야오 취

□ **가고 싶지만, 시간이 없습니다.**
I want to come, but I have no time.

想去, 但是没时间。
xiǎng qù dàn shì méi shí jiān
시앙취 딴스 메이스지엔

□ **죄송하지만, 선약이 있습니다.**
Sorry, but I have a previous engagement.

对不起已经被预约了。
duì bù qǐ yǐ jīng bèi yù yuē le
뚜이부치 이징 베이 위위에러

초대받아 방문할 때

☐ 와 주셔서 감사합니다.
Thank you for coming.

谢谢光临。
xiè xie guāng lín
씨에씨에꾸앙린

☐ 약소합니다.
This is for you.

没什么可招待的。
méi shén me kě zhāo dài de
메이선머커 자오따이더

☐ 요리를 잘 하시는군요!
You're a great cook!

菜做得很好吃啊!
cài zuò dé hěn hǎo chī a
차이쭤더 헌하오츠아

☐ 이제 많이 먹었습니다.
I'm really full.

吃得太饱了。
chī dé tài bǎo le
츠더 타이빠오러

☐ 화장실 좀 갈 수 있을까요?
May I use the rest room?

能去洗手间吗?
néng qù xǐ shǒu jiān ma
넝취 시셔우지엔마

☐ 이만 가보겠습니다.
I must be going now.

就此失陪了。
jiù cǐ shī péi le
져우 츠스페이러

방문할 때

UNIT 02 전화를 이용할 때

베이징 같은 대도시에서는 동전이나 카드를 사용할 수 있는 공중전화기가 증가하는 추세이지만, 변두리에서는 찾아보기 힘들며, 관리인이 있어 전화를 건 뒤에 지불하는 식의 공중전화가 대부분입니다. 대도시의 고급 호텔의 경우 객실에서 직접 국제전화를 이용할 수 있지만, 지방 도시의 초대소, 규모가 작은 호텔 등에서는 직접 거는 것은 어렵고 프론트에 신청해야 한다.

여보세요. _____ 입니까?
Hello. Is this _____.
您好, _____ **是吗?**
nín hǎo   shì má

닌하오,   스마

- ○○호텔   ○○Hotel   ○○**宾馆**(bīnguǎn)   ○○빈꾸안
- ○○씨   Mr. ○○   ○○**先生**(xiānshēng) ○○시엔성
- ○○회사   Ms. Brown   **小姐**(xiǎojiě)   샤오지에
- ○○부인   Mrs. ○○   **太太**(tàitài)   타이타이

Q : 공중전화 카드는 어디서 파나요?
Where can I get a calling card?

公用电话卡在哪儿卖?
gōngyòngdiànhuà kǎ zài nǎ er mài

공용디엔후아카 짜이날마이

A : 여기서도 팝니다.
We sell them here.

这里就卖。
zhè lǐ jiù mài

저리 져우마이

✈ 공중전화를 이용할 때

☐ 이 근처에 공중전화는 있습니까?
Is there a pay phone around here?

这附近有公用电话吗?
zhè fù jìn yǒu gōngyòng diàn huà má

저푸진여우 꽁융디엔후아마

☐ 이 전화로 시외전화를 할 수 있나요?
Can I make a long-distance call from this phone?

用这部电话可以打市外长途吗?
yòng zhè bù diàn huà kě yǐ dǎ shì wài cháng tú má

융저뿌디엔후아 커이따 스와이창투마

☐ 이 전화로 한국에 걸 수 있나요?
Can I make a call to Korea on this phone?

用这个电话可以往韩国打电话吗?
yòng zhè gè diàn huà kě yǐ wǎng hán guó dǎ diàn huà má

융저거 디엔후아 커이왕 한궈 따디엔후아마

☐ 먼저 동전을 넣으십시오.
You put the coins in first.

请先放硬币。
qǐng xiān fàng yìng bì

칭씨엔팡 잉삐

☐ 얼마 넣습니까?
How much do I put in?

放多少钱?
fàng duō shǎo qián

팡 뚜사오치엔

☐ 전화카드를 주세요.
Can I have a telephone card?

请给我一张电话卡。
qǐng gěi wǒ yī zhāng diàn huà kǎ

칭께이워이장 띠엔후아카

✈ 전화를 걸 때

☐ **한국으로 전화를 하려면 어떻게 하면 됩니까?**
What should I do to call Korea?

往韩国打电话应该怎么做?
wǎng hán guó dǎ diàn huà yīng gāi zěn mè zuò
왕한궈 따디엔후아 잉까이쩐머쭤

☐ **상해의 시외번호는 몇 번입니까?**
What's the area code for Shanghai?

上海市外号是多少?
shàng hǎi shì wài hào shì duō shǎo
상하이스와이하오 스뚸사오

☐ **한국으로 국제전화를 부탁합니다.**
I'd like to make a call to Korea, please.

麻烦您往韩国挂国际长途。
má fán nín wǎng hán guó guà guó jì cháng tú
마판닌 왕한궈 꾸아궈지창투

☐ **내선 28번으로 돌려주세요.**
Extension 28(twenty-eight), please.

请转内线28号。
qǐng zhuǎn nèi xiàn hào
칭주안 네이시엔얼스빠하오

☐ **여보세요, 국제호텔이지요?**
Hello, is this the Guoji Hotel?

喂, 请问是国际酒店吗?
wèi qǐng wèn shì guó jì jiǔ diàn má
웨이 칭원 스궈지저우띠엔마

☐ **왕호씨를 부탁합니다.**
May I speak to Mr. Wang hao?

请找王浩先生。
qǐng zhǎo wáng hào xiānshēng
칭자오 왕하오시엔성

□ 여보세요, 왕호씨입니까?
Hello. Is this Mr. Wang hao?

请问是王浩先生吗?
qǐng wèn shì wáng hào xiānshēng má

칭원 스왕하오시엔셩마

전화를 받을 때

□ 잠시 기다려 주시겠습니까?
Would you like to hold?

请稍等。
qǐng shāoděng

칭샤오떵

□ 통화중입니다.
The line is busy.

占钱。
zhànqián

잔치엔

□ 죄송합니다. 잘못 거셨습니다.
I'm sorry. You have the wrong number.

对不起, 你打错了。
duì bù qǐ   nǐ dǎ cuò le

뚜이부치   니따춰러

□ 전언을 부탁할 수 있습니까?
Would you take a message?

能转告一下吗?
néng zhuǎn gào yí xià má

넝 주안까오이샤마

□ 전화 고마웠습니다.
Thank you for your call.

谢谢您打电话。
xiè xie nín dǎ diàn huà

씨에씨에닌 따디엔후아

UNIT 03 우편을 이용할 때

중국에서 엽서나 편지를 보내려면 대개는 호텔의 프런트의 서비스를 받거나, 대행해 주거나, 호텔 내에 이용하면 됩니다. 소포는 호텔의 프런트의 우편 대행서비스나 중앙 우체국에서 보낼 수 있습니다. 보내는 방법은 항공편이나 택배, 선박을 이용하는 세 가지 방법이 있습니다.

[
_____ (으)로 부탁합니다.

_____ , please.

请给我 _____ 。
qǐng gěi wǒ

칭께이워
]

- ☐ 항공편 By air mail **航空邮件**(hángkōngyóujiàn) 항콩여우지엔
- ☐ 선편   By sea mail **船件**(chuánjiàn)   추안지엔
- ☐ 속달   Express mail **快件**(kuàijiàn)   콰이지엔
- ☐ 등기   Registered mail **挂号信**(guàhàoxìn)   꾸아하오신

Q : 우체통은 어디에 있습니까?

Where's the mailbox?

邮筒在哪儿?
yóutǒng zài nǎ er

여우통 짜이날

A : 로비에 있습니다.

There's one in the lobby.

在大厅。
zài dà tīng

짜이따팅

우체국에서

- **가장 가까운 우체국은 어디에 있습니까?**
  Where is the nearest post office?

  最近的邮局在哪里?
  zuì jìn de yóu jú zài nǎ lǐ
  쭈이진더여우쥐 짜이나리

- **우표는 어디서 삽니까?**
  Where can I buy stamps?

  邮票在哪儿买?
  yóu piào zài nǎ er mǎi
  여우파오 자이날마이

- **우체통은 어디에 있나요?**
  Where is the mailbox?

  邮筒在哪里?
  yóu tǒng zài nǎ lǐ
  여우통 짜이나리

- **우체국은 몇 시에 닫습니까?**
  What time does the post office close?

  邮局几点钟关门?
  yóu jú jǐ diǎn zhōng guān mén
  여우쥐 지디엔종 꾸안먼

- **이걸 한국으로 부치고 싶습니다.**
  I'd like to send this to Korea.

  想把这个邮寄到韩国。
  xiǎng bǎ zhè ge yóu jì dào hán guó
  시앙바 저거여우 지따오한궈

- **기념우표를 주세요.**
  Can I have commemorative stamps?

  请给我纪念邮票。
  qǐng gěi wǒ jì niàn yóu piào
  칭께이워 지니엔여우파오

방문전화우편 / 우편을 이용할 때

✈ 편지를 보낼 때

☐ 이걸 한국으로 보내려면 얼마나 듭니까?
How much would it cost to send this to Korea?

这个寄往韩国得多少钱?
zhè ge jì wǎng hán guó děi duō shǎoqián
저거 지왕한궈더 떠사오치엔

☐ 속달로 보내 주세요.
Express mail, please.

请用快件邮寄。
qǐng yòng kuài jiàn yóu jì
칭 융콰이지엔 여우지

☐ 이 우편 요금은 얼마입니까?
How much is the postage for this?

这邮件的费用是多少钱?
zhè yóu jiàn de fèi yòng shì duō shǎoqián
저여우지엔더페이융 스뚸사오치엔

☐ 한국에는 언제 쯤 도착합니까?
How long will it take to get to Korea?

什么时候到韩国?
shén me shí hòu dào hán guó
선머스허우 따오한궈

☐ 항공편(선편)으로 부탁합니다.
By air mail(sea mail), please.

请给我用航空邮件(水路)邮寄。
qǐng gěi wǒ yòng háng kōng yóu jiàn shuǐ lù yóu jì
칭께이워 융항콩여우지엔 (수이루)여우지

☐ 이거 우편요금이 얼마예요?
How much is the postage for this?

请问寄这个多少钱?
qǐng wèn jì zhè ge duō shǎoqián
칭원지 저거뚸사오치엔

✈ 소포를 보낼 때

☐ 이 소포를 한국으로 보내고 싶습니다.
I'd like to send this parcel to Korea.

想把这个邮包寄到韩国。
xiǎng bǎ zhè ge yóu bāo jì dào hán guó
시앙빠 저거여우빠오 지따오한궈

☐ 내용물은 무엇입니까?
What's inside?

里面是什么?
lǐ miàn shì shén me
리미엔스 선머

☐ 개인적으로 사용하는 것입니다.
My personal items.

是私人物品。
shì sī rén wù pǐn
스 쓰런우핀

☐ 선편이라면 며칠 정도면 한국에 도착합니까?
How long will it take by sea mail to Korea?

用水路邮寄需要多长时间?
yòng shuǐ lù yóu jì xū yào duō cháng shí jiān
융수이루여우지 쉬야오뚸창스지엔

☐ 깨지기 쉬운 것이 들어 있습니다.
This is fragile.

里面是易碎物品。
lǐ miàn shì yì suì wù pǐn
리미엔스 이쑤이우핀

☐ 소포를 보험에 들겠어요.
I'd like to have this parcel insured.

这个邮包入保险。
zhè ge yóu bāo rù bǎo xiǎn
저거여우빠오 루빠오시엔

방문전화우편 · 우편을 이용할 때

전화·우편에 관련된 말

전화	电话(diànhuà) [띠엔후아]
공중전화	公用电话(gōngyòngdiànhuà) [공융띠엔후아]
국제전화	国际电话(guójìdiànhuà) [꿔지띠엔후아]
휴대전화	手机(shǒujī) [셔우지]
팩시밀리	传真(chuánzhēn) [추안전]
전화번호	电话号(diànhuàhào) [띠엔후아하오]
여보세요	喂(wèi) [웨이]
교환대	交换台(jiāohuàntái) [쟈오후안타이]
잡음	杂音(záyīn) [자인]
전화요금	电话费(diànhuàfèi) [띠엔후아페이]

전화·우편에 관련된 말

우체국	邮局(yóujú) [여우쥐]
우표	邮票(yóupiào) [여우퍄오]
우편요금	邮资(yóuzī) [여우즈]
편지	封信(fēngxìn) [펑신]
엽서	明信片(míngxìnpiàn) [밍신피엔]
항공우편	航空信(hángkōngxìn) [항콩신]
소포	包裹(bāoguǒ) [빠오궈]

전화·우편에 관련된 말

은행	银行(yínhàng) [인항]
환전	换钱(huànqián) [후안치엔]
달러	美元(měiyuán) [메이위엔]
인민폐	人民币(rénmínbì) [런민삐]
한화	韩币(hánbì) [한삐]
여행자수표	旅行支票(lǚxíngzhīpiào) [뤼싱즈퍄오]
현금	现金(xiànjīn) [시엔진]

PART 9

트러블

말이 통하지 않을 때
난처할 때
분실·도난을 당했을 때
사고를 당했을 때
몸이 아플 때

여행 트러블에 관한 정보

✈ 항공권을 분실했을 경우

일반적으로 항공권을 분실하면 해당 항공사의 지점이나 카운터에 항공권 번호를 알려주어야 한다. 번호를 모를 경우에는 구입 장소와 연락처를 정확히 알린다. 이렇게 해서 새로운 항공권을 발급받은 경우 승객은 현지에서 서비스요금으로 30달러 정도를 부담해야 한다.
하지만 이런 과정은 다소 시간이 걸린다. 항공사의 해외 지점에 항공권 구입 여부를 확인하는 팩스를 보낸다거나 전문을 띄우는 등 국내의 경우보다 더욱 복잡하고 시간도 더 걸린다. 그러므로 당장 내일 떠나야 한다든지 하는 급박한 경우에는 큰 곤란을 겪게 되므로 항공권을 분실하지 않도록 각별한 주의를 기울인다.

✈ 여권을 분실했을 경우

여권을 잃어버렸을 경우 곧바로 달려갈 곳은 재중공관(한국대사관이나 영사관). 여권이 없으면 출국을 할 수 없기 때문에 바로 중국에 있는 우리나라 공관으로 가서 재발급으로 받아야 한다.
여권 재발급 신청에 필요한 것은 사진, 현지 경찰관이 발급해 준 여권 분실증명서, 여권번호와 발행 연월일 등이다.
그러므로 사진을 예비로 준비해두거나 여권번호를 따로 메모해두면 좋다. 하지만 여권을 재발급 받기까지는 2주일 정도가 걸린다. 왜냐하면 사진을 한국에 보내서 본인 여부를 확인하는 작업을 해야 하기 때문이다. 기간이 꽤 오래 걸리기 때문에 여권을 잃어버리면 여행을 완전히 망치는 것이나 다름없다. 항상 주의를 기울여 보관하도록 한다.

✈ 중국의 치안상태와 안전대책

공안천국(公安天国)이어서 여자 혼자 여행해도 안전하다는 중국의 치안은 이젠 옛말이다. 우리나라의 치안에 대해서도 말들이 많지만 우선 중국에서 택시를 타보면 중국 치안을 실감할 수 있다. 택시 강도로부터 운전기사를 보호하기 위해, 운전석과 승객석 사이에 유리벽과 같이 창살이 설치되어 있을 정도이다.

특히 오지나 산간지대 등 행정력이 미치지 못하는 곳에서는 여러 가지 범죄가 속수무책으로 일어나는 추세이다. 중국 정부는 거의 손을 쓰지 못하고 있을 정도에 이른다. 또, 우리나라의 6, 70년대 사회현상 중의 하나였던 맹류현상(盲流現狀)이 사회문제로 부각되고 있다. 대도시에서는 이런 사람들로 형성된 상대적인 빈곤을 느끼는 층에 의한 범죄 발생률이 늘어가고 있다. 여행하는 동안은 도난당해서는 안 되는 것과 그렇지 않은 것을 구별해 두고 그 관리에 신경을 쓴다. 도둑을 맞으면 곤란한 여권, 현금, 항공권 등은 항상 몸에 지니고 다니거나 보다 안전한 호텔 보관함에 맡긴다. 관광명소나 시내버스 안, 쇼핑가 등의 복잡한 곳은 소매치기와 도둑을 경계해야 한다. 관광객 티를 내거나 보석이나 유명 브랜드 상품을 착용해 도둑의 표적이 되지 않도록 하는 것이 우선이다. 짐은 작게 하나로 정리해서 들고 다니고, 가방과 물건 등은 되도록 손에서 떨어지는 일이 없도록 한다. 여행 중 귀중품은 특별히 필요한 경우가 많지 않으므로 되도록이면 가져가지 않는 것이 좋다. 그리고 다른 어느 나라보다 중국에서는 잃어버린 귀중품에 대해서는 대부분 다시 찾기 어렵다.

✈ 알아두면 유용한 전화번호

◇ 주중 대사관 주소
中国 北京市 朝阳区 三理屯 东4街 3号. 100600
TEL : (86-10) 6532-0290 FAX : (86-10) 6532-0141

◇ 대사관 영사부 주소
中国 北京市 朝阳区 三里屯 东4街 9号
TEL : (86-10) 6532-6771(-6)
FAX : (86-10) 6532-6778(일반민원업무)
　　　(86-10) 6532-6723(사증업무전용)

◇ 유용한 전화번호
_ 경찰 ☎110 _ 구급차 ☎120 _ 전화번호 문의 ☎114
_ 국제전화신청전화번호 ☎115 _ 국내장거리전화신청 ☎173
_ 토털 해외여행자 서비스 ;
여행자가 겪을 수 있는 각종 사고 등을 신속히 해결해 주는 서비스로, 자국을 제외한 세계 160개국에서 24시간 긴급지원을 받을 수 있다. 내용은 입원 같은 의료지원에서부터 법률자문, 통역주선, 휴대품의 복귀 등 다양하다.
에이이에이(AEA) 서울 ☎ (02) 790-7561
에스오에스(SOS) 서울 ☎ (02) 736-3421

UNIT 01 — Travel Chinese

말이 통하지 않을 때

익숙하지 않은 중국어로 말하고 있으면, 상대가 하는 말을 알아듣지 못하는 경우가 많습니다. 그 자리의 분위기나 상태에게 신경을 쓴 나머지 자신도 모르게 그만 웃으며 승낙을 하는 경우가 있으므로 결코 알았다는 행동을 취하지 말고 적극적으로 물읍시다. 이야기의 내용을 모를 때는 我不知道(워뿌즈다오)라고 분명히 말합시다.

나는 _____ 를 모릅니다.

I can't speak _____.

我不会 _____.
wǒ bú huì

워뿌후이

- ☐ 일본어 Japanese **日语**(rìyǔ) 르위
- ☐ 영어   English   **英语**(yīngyǔ) 잉위
- ☐ 한국어 Korean   **韩语**(hányǔ) 한위
- ☐ 중국어 Chinese   **汉语**(hànyǔ) 한위

Q: 중국어를 할 줄 모릅니다.

I can't speak Chinese.

我不会中国语。
wǒ bú huì zhōng guó yǔ

워뿌후이 종궈위

A: 그거 난처하군요.

That might be a problem.

那么很难办啊。
nà me hěn nán bàn a

나머 헌난빤아

300

중국어의 이해

□ **중국어를 할 줄 압니까?**
Do you speak Chinese?

会中国语吗?
huì zhōng guó yǔ má
후이 종궈위마

□ **중국어는 할 줄 모릅니다.**
I can't speak Chinese.

我不会说中文。
wǒ bú huì shuō zhōng wén
워뿌후이쉬 종원

□ **중국어는 잘 못합니다.**
My Chinese isn't very good.

中国语不怎么好。
zhōng guó yǔ bù zěn me hǎo
종궈위 뿌전머하오

□ **중국어는 압니까?**
Do you understand Chinese?

懂中国语吗?
dǒng zhōng guó yǔ má
똥 종궈위마

□ **영어를 하는 사람은 있습니까?**
Does anyone speak English?

有会英语的人吗?
yǒu huì yīng yǔ dé rén má
여우후이 잉위더런마

□ **중국어로는 설명할 수 없습니다.**
I can't explain it in Chinese.

不会用中国语说明。
bù huì yòng zhōng guó yǔ shuō míng
뿌후이융 종궈위 수오밍

✈ 통역·한국어

□ **통역을 부탁하고 싶은데요.**
I need an interpreter.

想拜托您翻译一下。
xiǎng bài tuō nín fān yì yí xiàu
시앙빠이퉈닌 판이이샤

□ **어느 나라 말을 하십니까?**
What language do you speak?

您说哪国语言?
nín shuō nǎ guó yǔ yán
닌수오 나꿔위이엔

□ **그 식당에 한국어를 하는 사람은 있습니까?**
Does anyone speak Korean at the restaurant?

那个饭店有会韩国语的人吗?
nà ge fàn diàn yǒu huì hán guó yǔ dè rén má
나거판띠엔 여우후이 한궈위더런마

□ **한국어로 쓰인 것은 있습니까?**
Do you have any information in Korean?

有用韩国语写的吗?
yǒu yòng hán guó yǔ xiě dè má
여우융 한궈위 씨에더마

□ **한국어판은 있습니까?**
Do you have one in Korean?

韩国语版的怎么样?
hán guó yǔ bǎn dè zěn mè yàng
한궈위빤더 쩐머양

□ **한국어 신문은 있습니까?**
Do you have any Korean newspapers?

有韩国语报纸吗?
yǒu hán guó yǔ bào zhǐ má
여우한궈위 빠오즈마

✈ 중국어를 못 알아들을 때

☐ **천천히 말씀해 주시면 알겠습니다.**
I'll understand if you speak slowly.

慢点说会明白的。
màndiǎnshuō huì míng bái de
만디엔쉬 후이밍빠이더

☐ **좀더 천천히 말씀해 주세요.**
Speak more slowly, please.

请再慢点说。
qǐng zài màndiǎnshuō
칭짜이 만디엔쉬

☐ **당신이 말하는 것을 모르겠습니다.**
I can't understand you.

您说的我不明白。
nín shuō dè wǒ bù míng bái
닌쉬더 워뿌밍빠이

☐ **그건 무슨 뜻입니까?**
What do you mean by that?

那是什么意思?
nà shì shén me yì sī
나스 선머이쓰

☐ **써 주세요.**
Write it down, please.

请写一下。
qǐng xiě yí xià
칭 시에이샤

☐ **여기서는 아무도 한국어를 못 합니다.**
No one here speaks Korean, sir.

这里没有人会说韩文。
zhè lǐ méi yǒu rén huì shuō hán wén
저리메이여우런 후이쉬한원

말이 통하지 않을 때

트러블

UNIT 02

Travel Chinese

난처할 때

여행지에서 난처한 일이 발생하여 도움을 구하는 필수 표현은 救人啊(져우런아)입니다. 하지만 순식간에 난처한 일이 발생했을 때는 입이 얼어 아무 말도 나오지 않는 법입니다. 트러블은 가급적 피하는 게 좋겠지만, 그렇지 못 할 때를 대비해서 상대를 제지할 수 있는 최소한의 표현은 반드시 기억해둡시다.

[_____ 은(는) 어디에 있나요?

Where's the _____ ?

_____ 在哪儿?
zài nǎ r

짜이날?]

- 화장실   rest room   **洗手房**(xǐshǒujiān)   시셔우지엔
- 병원   hospital   **医院**(yīyuàn)   이위엔
- 약국   drugstore   **药房**(yàofáng)   야오팡
- 경찰서   police station **警察局**(jǐngchájú)   징차쥐

Q : 어떻게 하면 좋을까요?

What should I do?

怎么办好?
zěn me bàn hǎo

쩐머반 하오

A : 도와 드리겠습니다.

Well, let me help you.

我帮您。
wǒ bāng nín

워빵닌

✈ 난처할 때

□ 문제가 생겼습니다.
I have a problem.

有问题了。
yǒu wèn tí le
여우 원티러

□ 지금 무척 난처합니다.
I'm in big trouble now.

现在很困难。
xiàn zài hěn kùn nán
시엔짜이 헌쿤난

□ 무슨 좋은 방법은 없을까요?
Do you have any suggestions?

没有什么好办法吗?
méi yǒu shén me hǎo bàn fǎ má
메이여우선머 하오빤파마

□ 어떻게 하면 좋을까요?
What should I do?

怎么办好?
zěn me bàn hǎo
쩐머반 하오

□ 화장실은 어디죠?
Where's the rest room?

厕所在哪里?
cè suǒ zài nǎ lǐ
처쉬 짜이나리

□ 어떻게 해 주십시오.
Do something about this.

请帮帮忙好吗?
qǐng bāng bāng máng hǎo má
칭빵방망 하오마

난처할 때 / 트러블

→ 상황이 위급할 때

☐ **무엇을 원하세요?**
What do you want?

需要我做什么?
xū yào wǒ zuò shén me
쉬야오 워쭤선머

☐ **알겠습니다. 다치게만 하지 마세요.**
Okay. Don't hurt me.

知道了, 只要别让我受伤就可以了。
zhī dào le   zhǐ yào bié ràng wǒ shòushāng jiù kě yǐ le
즈따오러   즈야오 삐에랑워 셔우상 져우커이러

☐ **시키는 대로 할게요.**
Whatever you say.

我照您说的办。
wǒ zhào nín shuō de bàn
워자오 닌수오더 반

☐ **뭐야?**
Who are you?

什么?
shén mè
선머

☐ **가진 돈이 없어요!**
I don't have any money.

没有钱。
méi yǒu qián
메이여우치엔

☐ **잠깐! 뭐하는 겁니까?**
Hey! What are you doing?

等等, 干什么呢?
děngděng   gàn shén mè ne
떵덩   깐 선머너

- 그만 두세요.
  Stop it!

  算了，别做了。
  suàn liǎo bié zuò le
  쑤안랴오 삐에쭤러

- 만지지 말아요!
  Don't touch me!

  不要碰!
  bú yào pèng
  뿌야오 펑

- 저리 가요!
  Leave me alone!

  别过来!
  bié guò lái
  삐에 꿔라이

- 가까이 오지 말아요.
  Stay away from me!

  不要靠近。
  bú yào kào jìn
  뿌야오 카오진

- 경찰을 부르겠다!
  I'll call the police!

  我要叫警察了。
  wǒ yào jiào jǐng chá le
  워야오쟈오 징차러

- 도와주세요!
  Help!

  请帮忙!
  qǐng bāng máng
  칭빵망

난처할 때

트러블

UNIT 03

Travel Chinese

분실·도난을 당했을 때

여권이나 귀중품을 분실하거나 도난을 당했다면 먼저 호텔의 경비담당이나 경찰에 신고를 하고 도난증명서를 발급받습니다. 이것은 재발행이나 보험을 청구할 때 필요하기 때문입니다. 여권의 발행 연월일, 번호, 발행지 등은 수첩(이 책의 마지막 장)에 메모를 해두고 예비사진 2장도 준비해두는 것이 만약의 경우에 도움이 됩니다.

내 _____ 을(를) 도난당했습니다.
My _____
我的 _____ 被盗了。
wǒ de　　　　　　　　　　bèi dào le

워더　　　　　　　　　　　　뻬이따오러

- ☐ 여권　　　passport　　　**护照**(hùzhào)　　　후자오
- ☐ 신용카드　credit card　　**信用卡**(xìnyòngkǎ)　씬용카
- ☐ 여행자수표　traveler's check　**旅行支票**(lǚxíngzhīpiào)　뤼씽즈파오
- ☐ 지갑　　　wallet　　　　**钱包**(qiánbāo)　　치엔빠오

Q : 버스에 물건을 놓고 내렸습니다.
I left something on the bus?

东西放在车上了。
dōng xī fàng zài chē shàng le

뚱시 팡짜이 처상러

A : 어떤 물건입니까?
What is it?

什么东西?
shén me dōng xī

선머뚱시

분실했을 때

분실물 취급소는 어디에 있습니까?
Where is the lost and found?

领取丢失物品的地方在哪儿?
lǐng qǔ diū shī wù pǐn de dì fāng zài nǎ er
링취 띠우스우핀더띠팡 짜이날

무엇을 잃어버렸습니까?
What did you lose?

您丢了什么东西?
nín diū le shén me dōng xī
닌띠우러 선머똥시

여권을 잃어버렸습니다.
I lost my passport.

丢护照了。
diū hù zhào le
띠우 후자오러

열차 안에 지갑을 두고 내렸습니다.
I left my wallet on the train.

钱包丢在火车上了。
qián bāo diū zài huǒ chē shàng le
치엔빠오 디우짜이 훠처상러

여기서 카메라 못 보셨어요?
Did you see a camera here?

在这儿没看到照相机吗?
zài zhè er méi kàn dào zhàoxiàng jī ma
짜이절 메이칸따오 자오시앙지마

어디서 잃어버렸는지 기억이 안 납니다.
I'm not sure where I lost it.

记不清在哪儿丢的了。
jì bù qīng zài nǎ er diū de le
지뿌칭 짜이날 디우더러

도난당했을 때

❏ **멈춰! 도둑이야!**
Stop! Thief!

站住! 小偷!
zhàn zhù xiǎo tōu
잔주   샤오터우

❏ **내놔!**
Give it back to me!

拿出来!
ná chū lái
나추라이

❏ **저놈이 내 가방을 뺏어갔어요!**
He took my bag!

是他把我的包拿走了。
shì tā bǎ wǒ de bāo ná zǒu le
스타 빠워더빠오 나쩌우러

❏ **지갑을 도둑맞았어요!**
I had my wallet stolen!

钱包被偷了。
qián bāo bèi tōu le
치엔빠오 베이터우러

❏ **지갑을 소매치기 당한 것 같아요.**
My wallet was taken by a pickpocket.

钱包大概被扒了去了。
qián bāo dà gài bèi bā le qù le
치엔빠오 따까이뻬이빠러취러

❏ **방에 도둑이 들어왔습니다.**
A burglar broke into my room.

房间里进小偷了。
fáng jiān lǐ jìn xiǎo tōu le
팡지엔리 진 샤오터우러

경찰서에서

☐ 경찰서는 어디에 있습니까?
Where's the police station?

警察局在哪儿?
jǐng chá jú zài nǎ er

징차쥐 짜이날

☐ 경찰에 신고해 주시겠어요?
Will you report it to the police?

能帮我报警吗?
néng bāng wǒ bào jǐng má

넝빵워 빠오징마

☐ 누구에게 알리면 됩니까?
Who should I inform?

要跟谁说?
yào gēn shéi shuō

야오 껀쉐이쉬

☐ 얼굴은 봤나요?
Did you see his face?

看到他的脸了吗?
kàn dào tā de liǎn le má

칸따오 타더리엔러마

☐ 경찰에 도난신고서를 내고 싶은데요.
I'd like to report the theft to the police.

想往警察局提出被盗申请。
xiǎng wǎng jǐng chá jú tí chū bèi dào shēn qǐng

시앙왕 징차쥐 티추 뻬이따오선칭

☐ 찾으면 한국으로 부내주시겠어요?
Could you please send it to Korea when you find it?

找到后可以邮寄到韩国吗?
zhǎo dào hòu kě yǐ yóu jì dào hán guó má

자오따오허우 커이여우지따오 한궈마

UNIT 04 사고를 당했을 때

Travel Chinese

사고가 일어나면 먼저 경찰에게 알립니다. 그리고 보험회사, 렌터카 회사에 연락을 취합니다. 당사자인 경우에는 먼저 对不起(뚜이부치)라고 말하면 잘못을 인정하는 꼴이 되어버립니다. 만일을 위해 해외여행 상해보험은 반드시 들어 둡시다. 보험 청구를 위해서는 사고 증명서를 반드시 받아두어야 합니다.

[_____ 을(를) 불러 주세요.

Please call _____ .

请帮我叫 _____ 。
qǐng bāng wǒ jiào

칭방워쟈오]

- ☐ 경찰   the police   **警察**(jǐngchá)   징챠
- ☐ 구급차   an ambulance   **救护车**(jiùhùchē)   져우후처
- ☐ 의사   a doctor   **医生**(yīshēng)   이성
- ☐ 안내원   a guide   **介绍人**(jièshàorén)   지에사오런

Q: 교통사고를 당했습니다.

I was in a car accident.

出交通事故了。
chū jiāotōng shì gù le

추 쟈오통스꾸러

A: 어디서 말입니까?

Where did it happen?

在哪里?
zài nǎ lǐ

짜이 나리

교통사고를 당했을 때

☐ **큰일 났습니다.**
It's an emergency.

出大事了。
chū dà shì le
추 따스러

☐ **교통사고가 일어났습니다.**
There has been a traffic accident.

出车祸了。
chū chē huò le
추 처훠러

☐ **친구가 차에 치었습니다.**
My friend was hit by a car.

我的朋友被车撞了。
wǒ de péng yǒu bèi chē zhuàng le
워더펑여우 뻬이처주앙러

☐ **구급차를 불러 주세요.**
Please call an ambulance!

请叫救护车。
qǐng jiào jiù hù chē
칭쟈오 져우후처

☐ **다친 사람이 있습니다.**
There is an injured person here.

有人受伤了。
yǒu rén shòushāng le
여우런 셔우상러

☐ **저를 병원으로 데려가 주시겠어요?**
Could you take me to a hospital?

请送我到医院可以吗?
qǐng sòng wǒ dào yī yuàn kě yǐ ma
칭쏭워따오 이위엔 커이마

교통사고·교통위반을 했을 때

□ 사고를 냈습니다.
I've had an accident.

我肇事了。
wǒ zhào shì le
워 자오스러

□ 보험을 들었습니까?
Are you insured?

参加保险了吗?
cān jiā bǎo xiǎn le ma
찬쟈 바오시엔러마

□ 속도위반입니다.
You were speeding.

超速了。
chāo sù le
차오쑤러

□ 제한속도로 달렸는데요.
I was driving within the speed limit.

按规定速度驾驶的呀。
àn guī dìng sù dù jià shǐ de ya
안 꾸이딩쑤뚜 쟈스더야

□ 렌터카 회사로 연락해 주시겠어요?
Would you contact the car rental company?

请联络借车公司。
qǐng lián luò jiè chē gōng sī
칭리엔뤄 지에처공쓰

□ 사고증명서를 써 주시겠어요?
Will I get a police report?

请帮我写事故证明书。
qǐng bāng wǒ xiě shì gù zhèng míng shū
칭방워씨에 스꾸정밍수

사고경위를 진술할 때

□ 도로표지판의 뜻을 몰랐습니다.
I didn't know what that sign said.

我没弄清楚道路指示盘。
wǒ méi nòngqīng chū dào lù zhǐ shì pán
워메이눙칭추 따오루즈스판

□ 제 책임이 아닙니다.
I'm not responsible for it.

不是我的责任。
bú shì wǒ de zé rèn
뿌스 워더쩌런

□ 상황이 잘 기억나지 않습니다.
I don't remember what happened.

记不清是什么情况了。
jì bù qīng shì shén me qíngkuàng le
지뿌칭 스선머칭쿠앙러

□ 신호를 무시했습니다.
I ignored a signal.

忽视信号了。
hū shì xìn hào le
후스 신하오러

□ 저야말로 피해자입니다.
I'm the victim.

我是被害人啊!
wǒ shì bèi hài rén a
워스 베이하이런아

□ 여행을 계속해도 되겠습니까?
Can I continue on my way?

可以继续旅行吗?
kě yǐ jì xù lǚ xíng mǎ
커이지쉬 뤼싱마

사고를 당했을 때

트러블

UNIT 05 몸이 아플 때

여행 중에 몸이 아프면 먼저 묵고 있는 호텔의 프런트에 연락을 취하고 호텔 닥터나 호텔이 지정 의사를 소개받습니다. 호텔 이외의 장소에서 몸이 아픈 경우에는 구급차를 부르게 되는데, 의료비도 비싸므로 출발 전에 해외여행 상해보험에 가입해둡시다. 보험 청구를 위해 치료비의 영수증은 받아두도록 합시다.

[(통증을 말할 때) _____ 니다.
I have a _____ .
疼。
téng
텅]

- 머리가 아픔   headache   **头疼**(tóuténg)   터우텅
- 배가 아픔   stomachache   **肚子疼**(dùziténg)   뚜즈텅
- 목이 아픔   sore throat   **嗓子疼**(sǎngziténg) 상즈텅
- 이가 아픔   toothache   **牙疼**(yáténg)   야텅

Q : 어디가 아프십니까?
Where does it hurt?
哪儿疼?
nǎ er téng
날텅

A : 여기가 아픕니다.
Right here.
这儿疼。
zhè er téng
절텅

✈ 병원에 갈 때

□ 의사를 불러 주세요.
Please call a doctor.

请叫大夫。
qǐng jiào dài fū
칭자오 따이푸

□ 의사에게 진찰을 받고 싶은데요.
I'm here for a doctor's examination.

想让大夫看病。
xiǎng ràng dài fū kàn bìng
시앙랑 따이푸칸빙

□ 병원으로 데리고 가 주시겠어요?
Could you take me to a hospital?

能送我到医院吗？
néng sòng wǒ dào yī yuàn má
넝쏭워따오 이위엔마

□ 진료 예약은 필요합니까?
Do I need an appointment to see a doctor?

看病需要预约吗？
kàn bìng xū yào yù yuē má
칸빙쉬야오 위위에마

□ 진료 예약을 하고 싶은데요.
Can I make an appointment?

想预约，看病。
xiǎng yù yuē kàn bìng
씽위위에   칸빙

□ 한국어를 아는 의사는 있나요?
Is there a Korean-speaking doctor?

有没有懂韩语的医生？
yǒu méi yǒu dǒng hán yǔ de yī shēng
여우메이여우 동 한위더 이성

몸이 아플 때 트러블

몸에 이상이 있을 때

☐ 몸이 안 좋습니다.
I don't feel well.

身体不舒服。
shēn tǐ bù shū fu
선티 뿌수푸

☐ 아이 상태가 이상합니다.
Something's wrong with my child.

小孩的状态有点奇怪。
xiǎo hái de zhuàng tài yǒu diǎn qí guài
샤오하이더주앙타이 여우디엔 치꽈이

☐ 현기증이 납니다.
I feel dizzy.

我觉得头晕。
wǒ jué dé tóu yūn
워쥐에더 터우윈

☐ 몸이 나른합니다.
I feel weak.

身体无力。
shēn tǐ wú lì
선티 우리

☐ 식욕이 없습니다.
I don't have an appetite.

没有食欲。
méi yǒu shí yù
메이여우 스위

☐ 잠이 오지 않습니다.
I can't sleep.

睡不着。
shuì bù zháo
수이뿌자오

✈ 증상을 설명할 때

❏ 감기에 걸렸습니다.
I have a cold.

得感冒了。
dé gǎn mào le
더 깐마오러

❏ 감기에 걸린 것 같습니다.
I think I have a cold.

好象感冒了。
hǎo xiàng gǎn mào le
하오시앙 깐마오러

❏ 설사가 심합니다.
I have bad diarrhea.

腹泻特别严重。
fù xiè tè bié yán zhòng
푸시에 터삐에 이엔종

❏ 열이 있습니다.
I have a fever.

发烧。
fā shāo
파사오

❏ 이건 한국 의사가 쓴 것입니다.
This is from my doctor in Korea.

这是韩国大夫写的。
zhè shì hán guó dài fū xiě de
저스 한궈따이푸 시에더

❏ 여기가 아픕니다.
I have a pain here.

这儿疼。
zhè er téng
절텅

몸이 아플 때

트러블

❏ 밤에 잠을 못 잡니다.

I can't sleep at night.

晚上睡不着觉。
wǎn shàng shuì bù zháo jiào
완상 수이뿌자오 쟈오

❏ 구토를 합니다.

I feel nauseous.

呕吐。
ǒu tǔ
오우투

❏ 변비가 있습니다.

I am constipated.

有便泌。
yǒu biàn bì
여우 비엔삐

❏ 기침이 납니다.

I have a cough.

咳嗽。
ké sòu
커서우

❏ 어제부터입니다.

Since yesterday.

从昨天开始的。
cóng zuó tiān kāi shǐ de
충 쭤티엔카이스더

❏ 다쳤습니다.

I've injured myself.

我受伤了。
wǒ shòu shāng le
워 셔우샹러

✈ 진료를 마치면서

❏ 많이 좋아졌습니다.
I feel much better now.

好多了。
hǎo duō le
하오뚸러

❏ 진단서를 써 주시겠어요?
Would you give me a medical certificate?

能给我写诊断书吗?
néng gěi wǒ xiě zhěnduàn shū má
넝께이워시에 전뚜안수마

❏ 예정대로 여행을 해도 괜찮겠습니까?
Can I travel as scheduled?

按预定旅行可以吗?
àn yù dìng lǚ xíng kě yǐ má
안 위딩뤼싱 커이마

❏ 며칠 정도 안정이 필요합니까?
How long do I have to stay in bed?

我需要躺在床上休息多长时间?
wǒ xū yào tǎng zài chuángshàng xiū xī duō cháng shí jiān
워쉬야오 탕자이추앙상 시우시 뚸창스지엔

❏ (약국에서) 이 처방전 약을 주세요.
Fill this prescription, please.

请给我这个药方的全部药。
qǐng gěi wǒ zhè ge yào fāng dè quán bù yào
칭께이워 저거야오팡더 취엔뿌야오

❏ 이 약은 어떻게 먹습니까?
How do I take this medicine?

这个药怎么吃?
zhè ge yào zěn mè chī
저거야오 쩐머츠

신 체

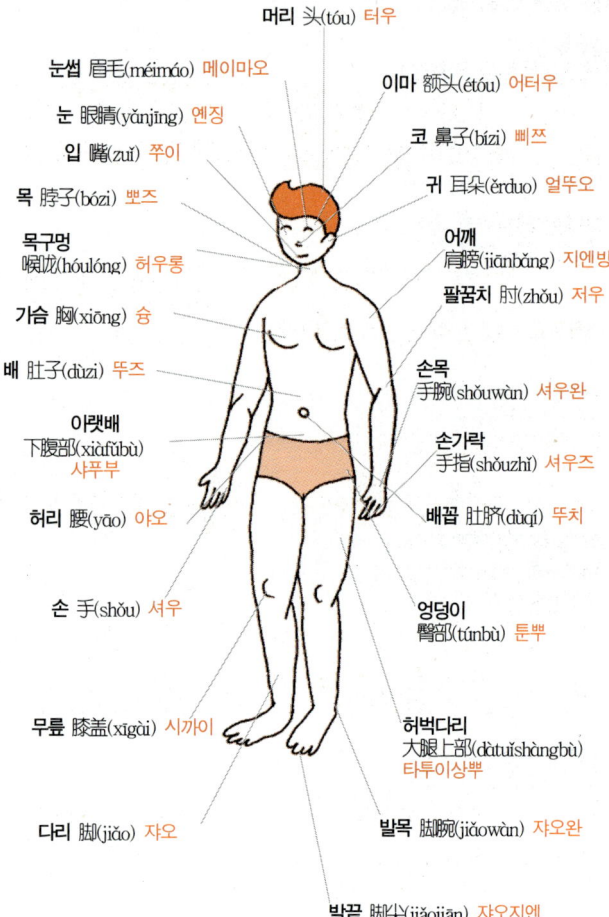

머리 头(tóu) 터우
눈썹 眉毛(méimáo) 메이마오
눈 眼睛(yǎnjīng) 옌징
입 嘴(zuǐ) 쭈이
목 脖子(bózi) 뽀즈
목구멍 喉咙(hóulóng) 허우롱
가슴 胸(xiōng) 슝
배 肚子(dùzi) 뚜즈
아랫배 下腹部(xiàfùbù) 샤푸부
허리 腰(yāo) 야오
손 手(shǒu) 셔우
무릎 膝盖(xīgài) 시까이
다리 脚(jiǎo) 쟈오

이마 额头(étóu) 어터우
코 鼻子(bízi) 삐쯔
귀 耳朵(ěrduo) 얼뚜오
어깨 肩膀(jiānbǎng) 지엔방
팔꿈치 肘(zhǒu) 저우
손목 手腕(shǒuwàn) 셔우완
손가락 手指(shǒuzhǐ) 셔우즈
배꼽 肚脐(dùqí) 뚜치
엉덩이 臀部(túnbù) 툰뿌
허벅다리 大腿上部(dàtuǐshàngbù) 타투이상뿌
발목 脚腕(jiǎowàn) 쟈오완
발끝 脚尖(jiǎojiān) 쟈오지엔

324

PART 10

귀국

예약변경 · 예약 재확인

탑승과 출국

Travel Information
귀국에 관한 정보

✈ 귀국을 위한 준비

귀국한 날이 정해지면 미리 좌석을 예약해두거나, 예약을 해 두었을 경우에는 출발 예정 시간의 72시간 이전에 예약 재확인을 해야 한다. 예약 재확인이 끝나면 여행을 하면서 구입했던 물건을 탁송할 것과 들고 갈 것을 차례로 정리한다. 출발 당일에는 출발 시간보다 2, 3시간 먼저 공항이나 항구에 도착하여 체크인을 하고 탑승, 승선 대기를 해야 한다.

◇ 예약 재확인
여행을 마치고 귀국을 준비할 경우는 우선 항공권이나 승선권의 이상 유무를 확인해야 한다. 왕복권을 구입한 경우, 최소한 비행기나 배의 출발 72시간 전에 반드시 예약 재확인을 해야 한다. 그렇지 않을 경우 예약이 취소될 수도 있다. 항공사나 해운회사에서는 출발시간 변경 등의 비상시 연락을 위해 이쪽의 연락처를 묻는다. 탑승할 회사에 전화하거나 사무소 또는 공항이나 항구 내 카운터에 직접 나가서 이름과 편명, 도착지, 탑승일, 탑승시간 등을 알려 주면 된다. 할인권은 개인이 하거나 여행사에서 해주는 경우가 있으므로, 출발 전에 미리 확인한다. 여행 일정이 변경되었을 경우에는 가능한 한 빨리 72시간 전까지 전화로 예약한 날짜를 취소하고 좌석이 남아 있는 다른 날짜로 예약한다. 목적지가 변경되었을 경우에는 운항회사에다 목적지 변경수속을 해야 한다. 할인권의 경우는 변경이 불가능할 경우도 있다.

◇ 수화물 정리
여행 중의 쇼핑으로 누구나 귀국 때는 출국 당시보다 짐이 많아지게 마련이다. 짐을 쌀 때는 우선 탑승시의 허용용량을 감안해 버릴 것은 과감히 버리는 것이 좋다. 또 선물과 기념품 등 통관검사를 받아야 할 것은 한곳에 모아 투명한 비닐봉지에 넣어 모아 두는 것이 좋다. 여권, 항공권 또는 승선권, 카메라, 현금 등은 몸에 직접 소지한다. 기내에 들고 들어갈 수 있는 가방은 한 개이므로 공항이나 기내에서 면세물품을 사게 될 경우를 예상해서 여유를 둔다.

◇ 출국 수속

중국에서 바로 우리나라의 인천공항으로 오는 비행기가 뜨는 곳은 모두 6개 도시(배편인 경우 3개 도시)이다. 따라서 자신의 여행 마지막 코스가 어디가 될 것인지를 생각해서 일정을 조절한다. 각 공항이나 여객터미널로는 각각 출발 2시간 전에 도착하는 것이 안전하다. 공항이나 여객터미널에 도착하면 먼저 체크인부터 한다. 그리고 공항세나 여객터미널 이용료를 내야 한다. 단, 항공권이나 승선권에 이용료가 포함되어 있는 경우도 있으므로 잘 알아보고 이용한다. 공항세를 내면 카운터의 직원이 여권에 출국 스탬프를 찍고, 출입국신고서를 회수하고 탑승권이나 승선권을 주는 것으로 출국수속은 완료되며, 공항이나 터미널에 따라 약간의 차이가 있다. 부칠 짐이 있을 때는 이곳 체크인 카운터에 맡기고 꼬리표를 받는다. 탑승수속이 끝나면 탑승권과 승선권에 적혀 있는 시간과 게이트를 확인한 후, 남은 시간은 면세점 등에서 쇼핑하거나 간단한 식사를 하면서 보낸다. 탑승과 승선은 출발 20~30분 전에 시작되므로, 그 시간까지는 게이트 앞에 도착한다.

✈ 귀국시 면세허용

◇ 면세통로
* 해외나 국내 면세점에서 구입하여 반입하는 물품 총액이 30만원 이하
  주류 1병(1리터 이하), 담배 1보루(200개비) ; 단 20세 미만은 제외
  향수 2온스 이하

◇ 자진신고 검사대
* 면세통과 해당 이외의 물품을 소지한 자
* 통관불허 품목
  휴대폰, 휴대용 송수신기
  일제 비디오카메라, 일제 디코더(암호해독기)
  마약, 위폐, 풍속을 해치는 서적이나 음반 등

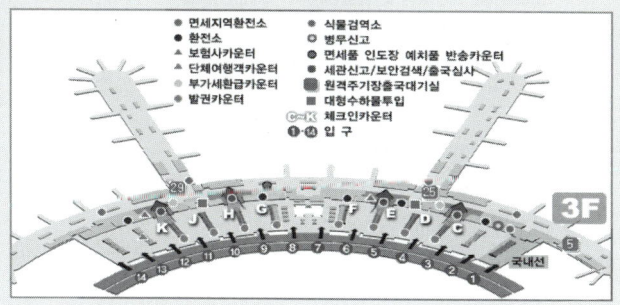

UNIT 01 Travel Chinese
예약변경 · 예약 재확인

귀국하는 날짜가 다가오면 비행기 예약을 합니다. 한국에서 떠날 때 예약해둔 경우에는 미리 전화나 시내의 항공회사 영업소에서 반드시 예약 재확인(reconfirm)을 해두어야 합니다. 공항에는 여유를 가지고 출발 2시간 전에 도착하는 것이 좋습니다.

[
_____편으로 변경하고 싶은데요.

I'd like to change it to _____ flight.

想换成 _____ **航班**。
xiǎng huàn chéng   háng bān

시앙후안청   항반
]

- 오전 afternoon   **上午**(shàngwǔ)   샹우
- 오후 morning   **下午**(xiàwǔ)   샤우
- 내일 tomorrow   **明天**(míngtiān) 밍티엔
- 10월 9일 October 9th **十月九日**(shíyuèjiǔrì) 스위에쥬우르

Q: 예약 재확인을 부탁합니다.
I would like to make a reconfirmation for my flight.

想再确认预约。
xiǎng zài què rèn yù yuē

시앙자이 취에런 위위에

A: 항공권은 가지고 계십니까?
Do you have a ticket?

机票在手里吗?
jī piào zài shǒu lǐ ma

지퍄오자이 셔우리마

328

귀국편 예약

□ 여보세요. 북방항공입니까?
Hello. Is this Beifang Airlines?

您好，这里是北方航空。
nín hǎo   zhè lǐ shì běi fāng háng kōng
닌하오   저리스 베이팡항콩

□ 인천행을 예약하고 싶은데요.
I'd like to reserve a seat for Incheon?

想预约到仁川的飞机。
xiǎng yù yuē dào rén chuān de fēi jī
시앙위위에 따오런추안더 페이지

□ 내일 비행기는 예약이 됩니까?
Can you book us on tomorrow's flight?

明天的飞机能预约吗?
míng tiān de fēi jī néng yù yuē ma
밍티엔더페이지넝 위위에마

□ 다른 비행기는 없습니까?
Do you have any other flights?

没有别的飞机吗?
méi yǒu bié de fēi jī ma
메이여우삐에더 페이지마

□ 편명과 출발 시간을 알려 주십시오.
What is the flight number and departure time?

请告诉我航班和时间。
qǐng gào sù wǒ háng bān hé shí jiān
칭까오수워 항반허스지엔

□ 몇 시까지 탑승수속을 하면 됩니까?
By what time should we check in?

到几点登机?
dào jǐ diǎn dēng jī
따오 지디엔 떵지

예약변경·예약재확인

귀국

✈ 예약 재확인

☐ **예약을 재확인하고 싶은데요.**
I'd like to reconfirm my flight.

想再确认一下预约内容。
xiǎng zài què rèn yí xià yù yuē nèi róng

샹짜이취에런이샤 위위에네이롱

☐ **성함과 편명을 말씀하십시오.**
Your name and flight number, please.

请说姓名和航班名。
qǐng shuō xìng míng hé háng bān míng

칭쉬 싱밍허항반밍

☐ **무슨 편 몇 시발입니까?**
What's the flight number and the departure time?

什么航班几点钟?
shén me háng bān jǐ diǎn zhōng

선머항반 지디엔종

☐ **저는 분명히 예약했습니다.**
I definitely made a reservation.

我明明是预约好了。
wǒ míng míng shì yù yuē hǎo le

워밍밍스 위위에하오러

☐ **한국에서 예약했는데요.**
I reserved my flight in Korea.

我在韩国预约了。
wǒ zài hán guó yù yuē le

워짜이한궈 위위에러

☐ **즉시 확인해 주십시오.**
Please check on it right away.

请马上确认一下。
qǐng mǎ shàng què rèn yí xià

칭마상 취에런이샤

✈ 예약의 변경과 취소를 할 때

☐ 비행편을 변경할 수 있습니까?
  Can I change my flight?

  能换航班吗?
  nénghuànháng bān má
  넝후안 항반마

☐ 어떻게 변경하고 싶습니까?
  How do you want to change your flight?

  您想怎么变更航班?
  nín xiǎng zěn me biàngēngháng bān
  닌시앙 쩐머삐엔껑항반

☐ 10월 9일로 변경하고 싶습니다.
  I'd like to change it to October 9th(ninth).

  想换成十月九号的航班。
  xiǎnghuànchéng shí yuè jiǔ hào de hángbān
  시앙후안청 스위에져우하오더 항반

☐ 예약을 취소하고 싶은데요.
  I'd like to cancel my reservation.

  想取消预约。
  xiǎng qǔ xiāo yù yuē
  시앙취샤오 위위에

☐ 다른 항공사 비행기를 확인해 주세요.
  Please check other airlines.

  请确认一下别的航空公司。
  qǐng què rèn yí xià bié de hángkōnggōng sī
  칭취에런이샤 삐에더항콩꽁스

☐ 해약 대기로 부탁할 수 있습니까?
  Can you put me on the waiting list?

  请给我换成待机可以吗?
  qǐng gěi wǒ huànchéng dài jī kě yǐ má
  칭께이워 후안청따이지 커이마

예약변경 · 예약재확인

귀국

UNIT 02 탑승과 출국

공항에서는 2시간 전에 체크인하는 것이 바람직합니다. 만일에 문제가 발생했더라도 여유를 가지고 대처할 수 있습니다. 또한 짐이 늘어난 경우에는 초과요금을 지불해야 합니다. 가능하면 초과되지 않는 범위 내에서 짐을 기내로 가지고 가도록 하며, 시간적 여유가 있을 때 사지 못한 선물이 있다면 면세점에서 구입하면 됩니다.

(공항에서) _____ 어디입니까?
Where is the _____ ?
_____ 在哪里?
zài nǎ lǐ
짜이나리

- 대한항공 카운터   Korean Airline counter   大韩航空柜台(dàhánhángkōngguìtái)   따한항콩 꾸이타이
- 아시아나항공 카운터   Asiana Airline counter   亚西亚航空柜台(yàxīyàhángkōngguìtái)   아시야항콩 꾸이타이
- 출발로비   departure lobby   出发路费(chūfālùfèi)   추파루페이
- 탑승구   boarding gate   乘机口(chéngjīkǒu)   청지커우

Q: 탑승권을 보여 주십시오.
May I have your ticket?
请出示机票。
qǐng chū shì jī piào
칭추스 지퍄오

A: 네, 여기 있습니다.
Yes, here it is.
是，在这里。
shì   zài zhè lǐ
스   짜이저리

탑승수속을 할 때

□ 탑승수속은 어디서 합니까?
Where do I check in?

登机手续在哪儿办?
dēng jī shǒu xù zài nǎ er bàn
덩지셔우쉬짜이날반

□ 대한항공 카운터는 어디입니까?
Where's the Korean Airlines counter?

大韩航空柜台在哪儿?
dà hán hángkōng guì tái zài nǎ er
따한항콩 꾸이타이 자이날

□ 공항세는 있습니까?
Is there an airport tax?

有机场税吗?
yǒu jī chǎng shuì má
여우 지창수이마

□ 앞쪽 자리가 좋겠는데요.
I'd prefer a seat at the front of the plane.

我想前面的位置会更好。
wǒ xiǎng qián miàn de wèi zhì huì gèng hǎo
워시앙 치엔미엔더웨이즈 후이껑하오

□ 통로쪽(창쪽)으로 부탁합니다.
An aisle(A window) seat, please.

请给我过道(窗户)旁的位置。
qǐng gěi wǒ guò dào chuāng hù páng de wèi zhì
칭께이워 꿔다오 (추앙후)팡더웨이즈

□ 친구와 같은 좌석으로 주세요.
I'd like to sit with my friend.

请给我靠近朋友的座位。
qǐng gěi wǒ kào jìn péng yǒu de zuò wèi
칭께이워 카오진펑여우더 쭤웨이

탑승과 출국 귀국

✈ 수화물을 체크할 때

☐ 맡기실 짐은 있으십니까?
Any baggage to check?

有需要托运的行李吗?
yǒu xū yào tuō yùn de xíng lǐ ma

여우쉬야오 퉈윈더 씽리마

☐ 맡길 짐은 없습니다.
I have no baggage to check.

我没有要存的包。
wǒ méi yǒu yào cún de bāo

워메이여우 야오춘더 바오

☐ 그 가방은 맡기시겠습니까?
Are you going to check that bag?

那个包要托运吗?
nà ge bāo yào tuō yùn ma

나거빠오 야오퉈윈마

☐ 이 가방은 기내로 가지고 들어갑니다.
This is a carry-on bag.

这个包要拿到机内的。
zhè ge bāo yào ná dào jī nèi de

저거빠오 야오나따오 지네이더

☐ 다른 맡기실 짐은 없습니까?
Do you have any other baggage to check?

还有其他行李要存吗?
hái yǒu qí tā xíng lǐ yào cún ma

하이여우 치타씽리 야오춘마

☐ (짐은) 그것뿐입니다.
That's all the baggage I have.

就这些吗?
jiù zhè xiē ma

져우 저씨에마

✈ 탑승안내

□ (탑승권을 보이며) 게이트는 몇 번입니까?
   What gate is it?

   登机口是多少号?
   dēng jī kǒu shì duō shǎo hào
   덩지커우 스뚸사오하오

□ 3번 게이트는 어느 쪽입니까?
   Which way is Gate 3(three)?

   三号登机口在哪边?
   sān hào dēng jī kǒu zài nǎ biān
   산하오덩지커우 짜이나삐엔

□ 인천행 탑승 게이트는 여기입니까?
   Is this the gate for Incheon?

   到仁川的登机口是这儿吗?
   dào rén chuān de dēng jī kǒu shì zhè er ma
   따오런추안더 덩지커우 스절저마

□ 왜 출발이 늦는 겁니까?
   Why is the flight delayed?

   为什么还不出发?
   wéi shén me hái bù chū fā
   웨이선머 하이뿌추파

□ 탑승은 시작되었습니까?
   Has boarding started yet?

   开始登机了吗?
   kāi shǐ dēng jī le ma
   카이스 덩지러마

□ 방금 인천행 비행기를 놓쳤는데요.
   We just missed the flight to Incheon.

   我刚刚错过了去仁川的飞机。
   wǒ gānggāng cuò guò le qù rén chuān de fēi jī
   워깡깡 춰꿔러 취런추안더 페이지

탑승과 출국

귀국

✸ 여행자 필수메모

성 명
Name

생년월일
Date of Birth

국 적
Nationality

호 텔
Hotel

여권번호
Passport No.

비자번호
Visa No.

항공기편명
Flight Name

항공권번호
Air Ticket No.

신용카드번호
Credit Card No.

여행자수표번호
Traveler's Check No.

출발지
Departed from

목적지
Destination